不登校でも大丈夫

末富　晶

岩波ジュニア新書　881

はじめに

この本は、一人の不登校児が大人になるまでの道を綴《つづ》った、学校に行かない生き方の体験記です。

やっと九つになったばかりの小さな私は、小学校三年生の時に学校へ行かなくなって、そしてそのまま校舎に戻ることなく大人になりました。

学校に行って大人になった人が大半の世の中で。

それでも私のように不登校という体験を経てこの国に生きている人は、少なからず存在しています。

人は一人一人違うのだから、もちろん同じ不登校とはいえ千差万別《せんさばんべつ》。私が歩んだのとはまた違う道を進み、違う経験を持つ人たちもたくさんおられることでしょう。この体験記はそうした意味で、ごくごく個人的なものです。

私が不登校児として過ごしていた時には、まわりの人はみんな当たり前に学校へ行って大人になっていたし、学校へ行かずに大人になるとはどういうことなのか想像することが難しく、時には学校に行かずに生きていくことなど出来ないのではないかと感じることもありました。

今、こうして大人になり、自分の経験を振り返って。

私にとって、あの時不登校になったからこそ得た経験や出会いは何物にも代えがたく、学校に行って得る経験に決して劣ることのない日々を経て、今に至っていると感じています。

よく、不登校と言うと学校に行っていないその間が何の経験もない「〇《ゼロ》」の時間だと捉えられることも多いのですが、当然のことながらそんなことはありません。

学校に行っていれば行っているなりに、行っていないなら行っていないなりに、同じ一日という時間、一カ月という時間、一年、二年という時間を平等に過ごしています。同じだけの時間を過ごすということは、同じだけの成長の機会があるということ。

こんな言い方は、もしかすると皆さんにとっては馴染みなく聞こえるかもしれませんが、私は「〝学校に行かない時間〟に育てられた」と、心からそう思っているのです。

不登校児となってから後に、縁あって関わることとなる『十五才　学校Ⅳ』(山田洋次監督/松竹他/二〇〇〇年)という映画のポスターの中に「十五の頃、あなたの「学校」

は、どこにありましたか。」という問いかけがあります。

私の学校は、校舎の外にあり、出会った人すべてが先生でした。

これからそんな私の体験の一つ一つを、順をおってお話ししていきたいと思います。

これを読んでくださっている方一人一人が歩んでこられた道、過ごしておられる日々と照らし合わせて、何か少しでも重なるところ、思いがけず心に行き交うものなどあればとても嬉しいです。

目　次

本文イラスト＝はぎのたえこ

第1章

学校の外の世界へ

種

一つ一つの出来事が
一つ一つの葉っぱのように
重なりやがて土となり

ぽつりと落ちた種一つから
思いもかけぬきれいな花が
不思議を形づくって咲くよ

なぜ学校に行かなくなったのか

私が学校に行かなくなったのは、小学校三年生の頃のことでした。

不登校児となった記念すべき第一日目のことを、残念ながらはっきりとは覚えていませんが、それがその後何年も続く長い長い道のりの始まりだとは全《まった》く想像していなかったことだけは確かです。

きっと、その日の朝は「今日はどうしても学校に行きたくない」と感じ、布団をかぶって頑《かたく》なに動かなかったのだろうと思います。

「今日は」というか、その頃はもうほぼ毎日行きたくないと思いながら気力を振り絞ってなんとか通っていたのですが、その日はついに我慢も限界にきたのか、他の表現をすればそうまでして行かなければならない場所がある自分を哀れと感じたのか、お腹が痛くなるなど実際に身体の不調が起こったこともあり、静かに家で過ごすこととなったのです。

その日はまさか、その後永遠に学校を休むつもりなどなかったと思います。

それが実際にはその次の日も、そのまた次の日も休むこととなり。

数カ月積み重なって立派な不登校児が生まれ、その後一年、二年と更に年を経て最終的には義務教育期間中七年もの時を、学校に行かず過ごすこととなったのでした。

学校に行っていないと言うと、よく聞かれることの一つに「どうして行かなくなったのか」という当然の疑問があるのですが、私にはいじめを受けていたというような事実もなく、明確に説明することが出来なくて、現役不登校児時代はいつも答えに困っていました。

学校に行くのは多くの人にとってはごくごく「当たり前」のことなので、その「当たり前」から外れるからには何かそれ相応の理由が必要とされるのですが、自分の思いや考えを言葉にするまでに人よりも多く時間がかかる私は、長い間その答えを示すことが出来ずにいたのです。

今だから言えることとして、学校に行かなくなった理由をもし一言で表現するとしたら「自分が消えてしまいそうだったから」という言葉になるかもしれません。

あの頃の私は、学校に行くことを毎日とても「重たく」感じていました。

学校という場所には校則に書かれている以外にもとても多くの決まりがあり、私はそのすべてに自分を合わさなければ教室の中にいることが出来ないと感じていたのです。

友だちや先生とのやり取りの中で、「今はきっとこう言うべきなんだろう」「こんな風に振る舞うべきなんだろう」という考えがだんだんと出てくるようになるにつれ、実際に私は自分が思う「学校の中での正しさ」に合わせて発言したり行動したりするようになっていきました。けれどそれは本来の自分の思いや考えとは別のものであったりすることが多く、だんだんと本当の自分の気持ちが分からなくなってくるような、心がバラバラになってしまうような危機を感じるようになったのです。

「まずいよ、このままでは心の在処《ありか》が分からなくなるよ。」

小さな身体の中でピーピーと鳴り響いたアラームが緊急避難所としての家に逃げるように知らせ、その日より、学校に行かない生活が始まったのでした。

社会に出ることはきっと、多かれ少なかれ他の人と合わせて調和をつくり、一つの物事を為していくということで、学校の中で自分を合わせていくことはそれを学ぶために必要なこととも言えます。そう出来ないことを甘えだと取られても仕方がないとは思うのですが、それが分かっていてもなお、私は今、この時の自分の選択にとても感謝しています。

あの時、そんな風に言葉では表現できなくても、とにかく心を守ることを最優先して頑張ってくれた私のおかげで、今の私があります。

自分を保ちながら他に合わせていく、ということが最初から上手にできる人もきっといるのですが、私の場合は九歳の段階ではそこまで自分を確立しておらず、まわりが言うあらゆる言葉を考えもせずにそのまま飲み込もうとしているような危険な状態でした。

そうする必要のない安全な場所に逃げ込んで、そこから改めて自分なりの「考え」や「行動」を導きだしていくことは私にとって「自分という人間」を知るためにまず必要な作業だったと言えるのです。

とはいえ、その当時はそうしたことは自分でもはっきりとは分からず、ただ朝になって生まれる葛藤《かっとう》に身体と心が痛む日々がしばらく続きました。

「学校に行かなければならないのに、行くことができない。」

この思いは、少なからず当時の私を苦しめたのです。

登校時刻になると高い熱を出すようになり、しだいに両親に「何か大変な病気なのではないか」と心配をかけるようになりました。いろいろな病院の小児科をまわり、検査を受けるも、原因は解明できず。そのまま数カ月が過ぎました。

ふと、学校が長期の休みの時期になると私の体調がよくなっていること、学校が始まる頃になるとまた悪くなることに気づき、そこで両親は「ああ、学校に行きたくないんだな」と察したということです。

「病気になるくらいなら、休んだ方がいい。」

幸運にも、父と母はそうした考えを持ってくれ、私が家にいることを大歓迎とはいかないまでも取りあえず受け入れる決心をしてくれました。

受け入れられた私はもう具合を悪くする必要はなかったけれど、だからといって手放しに喜べるような状態でもなく。

「学校に行くことが出来ず、これから一体どうなってしまうのか。」

それからしばらくの間持ち続けることになる将来に対するそうした不安が、身体の調子に目を向ける必要がなくなってからはよりいっそう大きなものとして、目の前に立ちはだかってくるかのようでした。

さてよくこの大きな不安を持って、それにつぶされることなくじっと対峙《たいじ》し、やがては乗り越えることが出来たなと今となっては感心の思いですが。そう出来たのはきっと自分一人だけの力ではなく、両親をはじめとする家族や、不登校児となってから出会うことになった人たち、人間以外の小さな命たちも含めて、本当にさまざまな存在が私がつぶされそうになる度に助けの手を差し伸べるかのように現れ、さらにはその先の道まで導いてくれたからに違いないのでした。

家族と私

私の家は所謂《いわゆる》二世帯住宅で、二階建て一軒家の一階に祖父母、二階に両親と二人の兄、そして私と、一つ屋根の下に当時は七人で暮らしていました。

私が学校に行かなくなったことで真っ先に影響を受けたのは、当然のごとくまず両親だと言えるのですが、その次には同じ家に暮らす他の家族ももちろん無関心ではいられない状況にあったと思います。

私が、自分自身でこの先どうなってしまうのだろうと深く思い悩んでいたのと同時に、近しい関係にある家族もまた、この子の将来はどうなるのだろうと案じていたことでしょう。末娘の不登校は誰にとっても青天《せいてん》の霹靂《へきれき》。当時のうちの家は父は会社員、母は専業主婦、高校生と中学生の兄、年金生活の祖父母という家族構成のごく一般的な家庭であり、そこで私が思いがけず「学校に行かない子」となることは、順調に走行していたはずの我が家という車にキキーッと急ブレーキがかかるような事態であったと思われます。

まず一番に心配されたのは、学力がおぼつかなくなるのではないか、ということ。学校に行かないということは、学校の授業を受けないということなのだから、そのぶんの知識がごっそりと抜け落ちてしまう。それも、小学校三年生以降の授業すべてというのは膨大です。読み書きも満足に出来なければ計算も出来ず、社会の中で暮らすことが困難になるのではないかと危ぶまれたのです。

実際、そうした危惧を感じた両親は、家で私のための「勉強」の時間をつくり、二人が代わる代わる先生となっていろいろな教科の教科書の内容を教えてくれていました。しばらくの間は家族で食事をするための大きな木の机が、私にとっては勉強机代わりだったのです。「今日は○○の時間」と言っては、学校の教科書をその上に広げ、それだけでは運動不足になると体育代わりに車で一〇分ほどの大きな公園へと連れ出してもくれました。

そのことは本当にありがたいことだったけれど、私がこうして本を書かせていただけるまでに文章が書けるようになったり、買い物に行っても困らないくらいには計算が出来るようになったりしたのは、実はその他の実生活で得た経験によるところもとても多いと感じています。

もともと本を読むのは好きだったので、学校に行かなくなってからは図書館によく通っていろんな本を読んでいました。漢字や言葉は暗記した覚えがないのですが、多分そうしているうちに自然に覚えたのだろうと思います。計算は、あまり好きではないので今でも苦手と感じますが、計算機という文明の利器を活用する方法で事なきを得ており、歴史やその他、さまざまな教科については、一般常識として皆が知っている年号など知らないことも未だに多いのですが、だからといってそれが日常生活に影響を与えていると感じることはなく、はっきり言ってしまえばそのせいで「困ったこと」が実は一度もないのです。

好きなことが出来ることとして伸び、知らないことはまるで知らない、という、グラフにしたらかなりデコボコの状態のまま成長しましたが、自分の足りないところを知っているということは謙虚になれるということでもあり、いつしか私が苦手とすることを得意にする友だちも現れ、出来ないことで困った時にはそれを誰かにお願いすることが出来るようになりました。

これもまた、甘い、と言われても仕方がないことかもしれませんが、自分一人ですべて完結できる綺麗《きれい》な丸の社会より、デコボコ同士がパズルのようにうまく組み合わさって、お互いに足りない部分を補いながら、皆で円をつくっていく大きな輪の社会の方が私には優しく見え、目指したい方向のように思えます。

私が困ったことがない、と言えるのは、幸運にもそんなデコボコを良しとする変わった人たちが入れ替わり立ち替わりそばにいてくれたからかもしれません。

そうした意味では、私にとっては幸運なことに、うちの家族はみんな少しずつそんな「変わった」部分を持ち合わせていた人たちでした。

学校に行かなくなってからしばらくの間、私の遊び場が一階に住む祖父母の部屋であった時期があります。

朝食を食べると一階に降り、祖父母の部屋で過ごした後、昼食を食べに二階に上がり、午後はまた一階に行く。そんな日も少なくありませんでした。

祖父はすでに現役を引退して毎日家におり、大抵《たいてい》は部屋で時代劇か刑事ドラマを見ていて、私はその傍《かたわ》らでテレビを横目に見ながら祖母と何か手作業をして過ごす、というのが常でした。祖母に手芸を教わって、フェルト生地の可愛らしいぬいぐるみをイヌやらブタやらウシやらとにかく本にかかれているもの全部、色とりどりに何個も何個もつくったのも懐かしい思い出です。

作業をしながら、祖母はいつも私にいろいろな話を聞かせてくれたのですが、大正生まれの彼女が語る「自分の話」は本当にドラマチックで、生ぬるい生活を送る私にとってはとても刺激的なものでした。

にぎやかな大家族の中に生まれ、顔も知らない人のもとに嫁ぎ、戦時中に出産し、食糧難の中子どもを育て……と、そんな内容の事柄が実体験としてありありと語られるのです。同じ日本かしらと思えるほどにこの国は、いろいろな時代を経て来たのだ……と、一人の女性の半生をもって語られる年月に感慨深く相槌《あいづち》をうっていたものです。

今になって考えれば、この時に祖父母が、こうして私をあたたかく迎え入れてくれたことは決して当然ではなく、むしろこうした状況におかれた祖父母の対応としては、とても珍しいケースだったのではないかと思えます。

私が学校に行かないことについて、きっと好ましくは思っていなかったはずなのですが。思い起こしてみても、祖父や祖母には一度たりとも学校に行かないことについて直接咎《とが》められたという記憶がないのです。もしそうしたら、私がきっと深く傷つくだろうということを言わずとも感じてくれてのことだったのかもしれません。

でもだからといって腫《は》れ物に触るような距離のある態度でもなく……。実に自然に、明るく交流を持ってくれたこと、このことは当時の私にとってどんなに助けになったかと今でも感謝の気持ちでいっぱいです。

この日々と、祖父母からもらった学びを持ってこそ、次の世界、家の外への場所へと踏み出して行くことができました。

父と母という最も近しい関係から一歩離れて、家の中にこうした場所を持てていたこと。これは本当に私にとって幸運なことだったと思えます。

森で遊ぶ日々

家の中だけで過ごしていた不登校体験のごく初期の段階が終わると、今度はしだいに毎日を同年代の友だちと遊んで過ごすようになっていきました。

偶然にも学区内の徒歩で行ける範囲に私と同じように学校に行っていない小学生が何人か住んでいて、親同士が顔見知りだったこともあり自然な流れで一緒に遊ぶようになったのです。

住んでいた町の神社には鎮守《ちんじゅ》の森があり、当時の私たちは好んでその森を遊び場としていました。

森といっても人の手が入っていて明るく、すぐに外に出られてしまうような小さなものので、緑が溢《あふ》れているわりには危険が少なく子どもの遊び場としては最適の空間だったと思います。

その森の一番奥には大きな木が二本あり、より大きい方を「王様の木」それに並ぶもう一本を「お妃様の木」と呼び、森中を秘密基地のようにして駆け回る、実に子どもらしい日々がしばらくの間続きました。

もちろん、他の子どもたちと同じくテレビゲームにも夢中になった世代なのですが、当時はまだインターネットなどの無限に広がるネットワークの世界と子どもたちは無縁で、持っているゲームのソフトには限りがあり、何度かクリアして飽きてしまえば、あとはもう外に出るか、お菓子をつくるかくらいの選択肢しかなかったのです。

季節が巡れば足元一面に広がる赤い木の実をつんで、大きな葉っぱにそれを集めままごとをしたり。木の枝にロープをむすんでターザンごっこをしたり。時には迷い込んだどこかの飼い犬と一緒になって転げまわったり。

平日の昼間にどう見ても小学生の子どもたちがそうして遊んでいるのはやはり目立つもので、一歩外に出れば通りがかりの大人たちに「学校は?」と呼び止められることは避けられません。その度に答えを探し、できるだけ胸を張った姿でいることを当時の私たちは「別に平気だ」と強がっていたけれど、一五歳で義務教育期間が終わった時、「もうこれで昼間に好きなように出歩いていても誰にも咎められない」となにかホッとした気持ちになったことを覚えているので、きっと思っている以上にそのことは大きな負担だったのでしょう。

そうした意味でも、自分たちしかいない静かな森は私たちにとって肩の力を抜いて過ごすことができる貴重な場であったのだと思います。

こうした「子どもらしい時間」は、小・中学校卒業でそれぞれの進路が分かれるとともにしだいになくなっていったのですが、この時に子どもの時間を「大人になるための準備」としてではなく、ただ子どもとして過ごすことだけに集中できたことはとても意味のあることだったのではないかと後になって思えます。

この時と同じことを同じように、どうひっくり返っても、今はもう体験することができない。

きっとどの年代にも、そうした特別な時間が存在する。そんな気がします。

先生について

学校の先生と不登校児との関係は、今もきっと変わらずそうだろうなと想像するのですが、やはり、一般の生徒とは少し異なった関わりとなります。

なにせ学校に来ることがないのですから、教室の中でのやり取りは皆無となり、先生から何か接触を図ろうと努めてもらえないかぎり、自分の担任の先生がどんな人なのか知ることはないのです。

私が学校に行かなくなった三年生の時から、担任の先生は二回替わり、合計三人の先生が卒業までに代わる代わる、私という不登校児付きのクラスを受け持ってくれました。どの先生も週に一回ほど自宅まで様子を見に足を運んでくれ、恐らく「この不登校の子とはどんなコミュニケーションを取るのが良いのだろうか」とそれぞれに最善の方法を探りつつ、こちらに向けて話をしてくれていたのだと思います。

その中で、小学校六年生の時の担任の先生はあごひげを生やした五〇歳に届くかどうかといった年頃の、当時の私から見れば十分に「おっちゃん」の先生だったのですが、その先生との交流だけは他の先生と一線を画していました。私とその先生は立場や年齢を越えて最終的には友情に近いものを築くことができたのです。

その先生は、本人曰《いわ》く学校から少し浮いている、昇進に興味のない変わり者で、うちの家に一週間に一度は来るというのは他の先生と同じだったのですが、とにかく一度来たら少なくとも数時間は同じ椅子に座って動かないという異例の滞在時間記録を持つ人でした。当時一二歳の私は向かいの椅子に腰をかけ、お菓子を片手にその時考えていたいろんなことを真剣に語り、先生はコーヒーを飲みながらそれらの話題をどんどんと深く掘り下げていくという、ただの日常会話と呼ぶには少しばかり真面目すぎる話をしていた覚えがあります。

山や植物が大好きで、道端のどの花や木を指さしても即座に名前と生態を説明してくれるのが楽しく、近所や前述の森に一緒に出掛けては「あれは？」「これは？」と私が指をさすのに答えてもらっていたものです。

見るだけではなく、毒のない植物を見つけてはすぐに「これは食べられる」とそのまむしって口の中に入れるものだから「えー、汚いよ、犬のおしっこがかかってるかも……」と私が顔をしかめると、決まって「太陽が消毒しているから大丈夫」と返してくるのでした。

そんな風に、これは今だったら問題行動として大事になったかもしれない……と感じるエピソードがその先生との間にはたくさんあります。今でなくとも当時でも十分問題だったかもしれませんが……。

ある日、先生は車で信州の燕岳《つばくろだけ》まで連れていってくれました。山頂の山小屋に泊まる、本格的な山登り。私は滋賀県に住んでいたので、山のふもとに着くまでだけでも相当な遠出と言えます。先生の山仲間の他の大人たちも一緒でしたが、今考えてもよくもまあ生徒をそんなところまで連れて行ったな、と思えます。

「もしも何かあったら自分の責任になる」という不安があったのかどうか、今となっては聞く由《よし》もないのですが、たとえあったとしても私に登山の経験をさせたいという思いの方を優先させてくれたのでしょう。そしてその思いは当然のように、私に素晴らしい経験を与えてくれたのでした。

山小屋に泊まった次の朝、雲が目下に海のように広がる雲海《うんかい》が現れ、それを見た時の感動は今でもありありと覚えています。

大変な思いをして登ってきて、雲より高い場所に今、立っている。

晴れた空に雲がかかり、頭上ではなく足元でゆっくりと波打っている。

心が景色の中に溶けこんでいくような、自分という存在が大きく広がっていくような、なんとも言えない解放感。

大きく深呼吸して、また身体にかえってきた時の感覚。一つ一つの瞬間が、宝物のように感じたのです。


その先生は私の担任となることが決まった時、まず最初に、母にこう言ったそうです。

「私は末富さんの、学校に行きたくないという気持ちを尊重したいと思います。」

母はこの言葉にずいぶん救われたと後から言っていました。先生がそう断言してくれたおかげで、それで良いのだと思え、何とか学校に戻さなければならないという思いから解き放たれたのだと。

もちろん私にとっても、一番深い悩みの内にいたこの時に先生が担任となってくれたことは本当に幸運なことでした。

不登校児となってからというもの、必要な時に必要な助けをくれる人が、いつも現れてくれていたのだと感じています。

当時はまさかそんな風に思いもしませんが、ひげ面でも、おっちゃんでも、その存在はまるで天使のごとくあった。そんな風に、今は思えるのです。

真っ白のスケジュール

朝起きて、今日やることは特に決まっていない。

スケジュール帳に、何の書き込みもない日。そんな日を、きっと皆さんも過ごされたことがあるかと思います。

不登校児になるということは、それが毎日になるということで。

学校に行かなくなってからしばらくの間、私はそうした「今日どころか何年も先まで予定は真っ白」という状態に自分を置くこととなりました。

自由と言ってしまえばこれ以上ないほど自由なのですが、人はその自由を扱えるほどの自分となるまでにはそれなりの成長を必要とするもので、まだ子どもの私にとって有り余る時間はあまりに大きく、果てしなく続くその真っ白な海を想像するだけで眩暈《めまい》をおこしそうになり、溺《おぼ》れかかるのは目に見えていたのであえて先のことを考えないようにしていた時期もあったように思います。

明日も真っ白。

明後日もきっと真っ白。

その中で、だけれど今日という一日、今という時だけが唯一確かな手ごたえを持ってそこに存在してくれていました。

今日というその確かなものを船として、白い海に漕ぎ出そうと決めたのは、さていつの日にどんなきっかけでだったのか。これもまた、はっきりとは覚えていないのですが。恐らくはもう十分だと思えるほどに、その真っ白な中に浸りきった後のことだっただろうと思います。

果てしなく続く白い海原の中でただ一つ色を持った船に乗り、櫂《かい》で漕ぎ出すと、不思議なことに今まで私を溺れさせようとしているように見えた「時間という大きな海」は、船を導くかのように波をつくり、私の進む航路を開いてくれるのでした。

学校に行かない子の未来は、明るいものではないと。

周りからの色のない声がずっと聞こえてきていて。

私はしばらくの間それを本気で信じ、「真っ白な未来」に対して不安ばかりを持ち、足がすくんで動けなくなっていたけれど。

未来が真っ白だということは、実は誰にとっても同じ、当たり前のことで。ただ不登校児となると突然に何の後ろ盾も保証もなくなり、最初のうちは「目指すべき未来」の姿を想像すらできず、たった一人きりでその「真っ白」に否応なく向き合わなければならなくなる……それが少しばかり、厳しい選択であるというだけのことなのだと思います。

一人きりで、自分の生きる時間と向き合うことを人生の早い段階で経験することは、とても孤独で、時間のかかる作業ですが。

私は決して悪いことではなくその人にとって後々大きな力となることだと思います。

他の誰にも見えない場所でのそうした時間が、きっとその人を深く成長させる。

溺れかかっている自分を助けられるのは、本当には自分自身でしかないのでしょう。

学校に行かなくなると「我儘《わがまま》になるのではないか」「怠けるのではないか」と心配す

る声もありますが。

　でも学校に行かなくなるということは、そう質問する方々が考えるほど、単純に楽な道ではない。

　今もこの国のどこかでたった一人、そんな時間を過ごしている方がきっとおられること、それは私にとって大きな希望と言えることなのです。

第2章

映画とのかかわり

閑《かん》座《ざ》

波のない夜にじたばたしたとて
どこへ行けるものでもない

月のない夜にきよろきよろしたとて
何が見えるものでもない

波はどこからやって来る
光はいつ現れる

風のある夜は畳に座り
じっと静かに待つのみで

本当の私をつくる日は
あるいはそうした時なのだ

●山田洋次監督作品『十五才　学校Ⅳ』にかかわったきっかけ

気づけばいつしかすでに「昔の映画」と呼ばれてもよいほどの時間が経過しましたが。二〇〇〇年に公開された松竹映画に、山田洋次監督の『十五才　学校Ⅳ』という作品があります。

実はこの『十五才　学校Ⅳ』は不登校の少年を主人公にした作品で、山田監督の「学校」というシリーズの四作目。一作目の夜間中学、二作目の養護学校、三作目の職業訓練校とさまざまな舞台を経て、四作目でついに「学校」という建物の外に出て学びとは何か、人間の成長とは何かを見つめた映画です。

嘘のような本当の話なのですが。この誰もが知る日本映画の巨匠《きょしょう》の作品に、私は縁あってかかわらせていただき、最終的には名立たる人々と共にエンドロールに自分の名前を流してもらうこととなりました。

人生、本当に何が起こるか分かりません。

それは、一六歳の時に見た新聞記事がきっかけでした。

ある日、父が毎朝読んでいる新聞の中から「こんなのがあるよ」と一つの記事を指し示してくれ、どれどれと手に取ってみると、山田洋次監督が次回作のテーマを「不登校」としたいと考えていることが書かれていました。

その時すでに七年間の不登校生活を経ていた私には無関係とは感じられず、興味を持ってその内容をじっくりと反芻《はんすう》しているうちに、記事の最後、「ご意見をお送りください」という旨のメッセージと共に添えられているこの映画の制作グループのメールアドレスを見つけたのです。

ふと、良い機会だな、と、そう思ったのかもしれません。ちょうど中学までの義務教育期間が終わって間《ま》もない頃で、これまで自分が不登校児としてどう生きてきたのかをまとめるのに最適なタイミングだったこともあり、この記事を呼び水に「不登校について何かを書きたい」という気持ちが急速に高まったのです。そうと決まれば、パソコンの前に座り実際に書き出すまでそう長い時間はかかりませんでした。

小学校三年生から学校に行かなくなり、義務教育期間中をずっと不登校児として過ごしたこと。その間どんなことを思考し、どんな風に過ごしてきたかということ。学校や教育に関する自分なりの考え。などなどを、思うままにとにかくメールに書き、そのアドレスへと送ったのです。

少しして、松竹の『十五才　学校Ⅳ』制作スタッフの方から返信が届いた時、驚きの気持ちでそれを受け取ったことを覚えています。

まさか返事をいただくとは、あまり予想していなかったのです。そういう可能性もあるかもしれない、とはどこかでチラリと思っていましたが、おそらく全国からたくさんの意見が届いているだろうと考えていたので、私のメールがその中で取るに足らないものとして扱われても仕方ないなと感じていました。その時は、そこから映画制作にかかわっていこうという思いなど本当に皆無で、ただ今まであまり言葉にして語ってこなかった自分の気持ちをそうして文章に出来ただけで満足していたのです。

お返事をくださったスタッフの方は、後になってその時のことを「あのメールは群を抜いていましたね」と表現してくれたのですが、恐らく一六歳という現役不登校児から抜け出したばかりの年齢の私は生き生きとしたリアリティのある文体でまだ記憶に新しい我が事としての「不登校」を綴ることが出来たのでしょう。残念ながらその時のメールはもう現存していませんが、きっと今読んだら恥ずかしいほどに赤裸々《せきらら》で、少しばかり生意気な内容だったのではないかと思います。

これも偶然なのか必然なのか。実に不思議なタイミングなのですが、ちょうどそのやり取りをした時期から少し後に、私は習っている華道の華展に自分の作品を出展するため、初めて保護者なしで新幹線に乗り、東京まで行くことが決まっていました。

そのメールの返事の返事の返事……くらいでしょうか。何度かのやり取りの後、今度池袋で華展があるということを伝え、もし良かったら見に来てくださいとご案内したところ、本当にそのスタッフの方は会場まで足を運んで会いに来てくれたのです。映画をつくる仕事をしている人とお会いするのはもちろんそれが初めてだったので、見に来てくださった時には本当に嬉しく、先導者がなくともなんとか東京までたどり着くことができたという興奮も手伝ってその出会いの瞬間のことは今も鮮明に覚えています。

私とメールのやり取りをしてくれていたその方は、なんと助監督さんで、女性の方でした。

その時はすごく大人だと感じていましたが、今考えるとたぶんこの頃、現在の私とあまり変わらない年齢だったのだと思います。

華展を見てもらった後、近くのカフェで一緒にお茶をすることになり、自分のことについて、不登校について、あれこれと好きに語っているうちに、ふいに彼女から「『十五才　学校Ⅳ』の制作ホームページ上で、不登校の体験記を連載してみませんか？」とのお話をいただきました。

メールで書いたような内容について、もう少し詳しく文章にして、不登校経験者としての思いを書いてみないかという提案です。

私にとっては思いもかけないことだったけれど、断る理由は一つも見つけられず、二つ返事で「やってみたい」と返したことを覚えています。都会のビルの中で紅茶をごちそうになりながら、まだ見ぬ世界が目の前に開けていくのを感じるような、ワクワクとした高揚感に包まれていました。

そのホームページには私の他にすでに同年代の二人の男の子が自分の不登校記を連載していて、私は三人目、最初にして最後の女子でした。

その男の子二人のうちの一人は「ヒッチハイクで屋久島《やくしま》まで行った体験」を文章にしていると、そう初めて聞いたのは多分この時だったのだろうと思います。

一五歳の不登校の少年が一人ヒッチハイクで横浜から屋久島まで行く……。映画の基盤となったそのストーリーは、実際の不登校児の体験が元になってつくられたのです。

それから、私の体験記もその二人と並んでホームページの一覧に加わることとなり、字数制限も提出期限もない自由な環境の中、小学校三年生からの出来事を思うままに書き綴《つづ》りました。

数年前にこの時の連載を印刷したものが押し入れの中から出てきて、懐かしく読んだのですが、恐ろしいほどに正直で、傷つくことを恐れないまっすぐな文章は、目にまぶしいくらいでした。このことをきっかけに水の波紋《はもん》のように広がっていく影響、このことがなければ出会わなかった友人たちの姿を思い浮かべるにつれ、今もこの波紋の影響が消えずに続いているという事実を本当に感慨深く感じます。

この時の連載の中で、ふとしたタイミングに「映画の題名にもなっている「十五才」の時に私が作った詩」として「ひるさがり」という詩を載せました。

ひるさがり

草原のど真ん中一本道を
あてもなく歩くのがかっこいいって思ってる
ほとんどの奴がバスに乗っても
ぼくだけは歩いて　つっきるんだ
早く着くことなんて　目的じゃないんだ
雲より遅くて十分さ
この星がぼくにくれるもの　見落としたくはないんだ

小銭《こぜに》ばっかの赤いポケットが
ジャラジャラ音たてマラカスみたい
やたら重くてしんどいけど

なぜだかとっても嬉しいんだ
昨日の雨粒《あまつぶ》が　葉っぱに残ってる
飛行機雲《ひこうきぐも》はどこまで行く
小鳥の小さな呟きを　聞き逃したくないんだ

鼻のバンドエイドが誇らしい
特別なお日様の勲章《くんしょう》でしょう
大人はさ　笑うけど
勲章なんだ

この詩はもともと歌にするために書いたもので、兄が曲をつけ、当時はよく一緒に歌ったりしていました。

自分でも不登校体験の集大成のような詩となったなと感じていたので、この場にふさわしいのではないか、と思い紹介したい気持ちになったのだと思います。

「早く着くことなんて　目的じゃないんだ」、この言葉に、当時の私の心は結晶となり現れていると感じます。

皆がバスに乗って先に行ってしまって、そのバスから途中下車して原っぱの真ん中にたった一人で歩き出した私は、一時《いっとき》はもうバスに追いつくことはできないと感じ深く悩んだけれど。

でも本当に、そのバスの目的地は自分が目指している場所だったのか。よく考えたら、こんなに大事なことについて一度も考えてみたことがなかったのです。

先の知れない未来について思い悩むことをやめ、今自分がいる場所に目を向ければ、たとえ草の中の道なき道でも、自《おの》ずとどこか行くべき方向があることが見えてきます。それは小鳥のさえずりが聞こえる方かもしれないし、雲が流れる先かもしれない。怖くとも勇気を持って一歩歩き出せば、その次の一歩へと導くサインも必ず現れてくれる。今どんな一歩を踏み出すか、それこそが自分の未来を決めていくのだと、一五歳というのは私にとってそんな確信を持った時の年齢であったのです。

映画『十五才　学校Ⅳ』をご覧になったことがある方ならばご存知だろうと思いますが、この詩はとある「浪人の詩」として、この後少し形を変えて映画の中で重要な役割をすることになり、私は結果的に「作中詩原案者」としてスタッフの欄に名前を出していただくこととなりました。

どんな風に登場するのか、機会があればどうぞ映画をご覧ください。

ところでこれは全《まった》くの余談なのですが、映画の制作期間を通じて仲良くなった東京在住の友人たちと、どういうわけか二〇代半ば頃にモンゴルで落ち合って、ウランバートルから地方への旅に出かけたことがあります。

話せば長くなるので詳細は省きますが、とあるアクシデントから何もない草原の中に荷物と共に放り出されてしまった私たちは、町までとても歩ける距離ではないと分かっていながら取り敢えずリュックを背負って歩き、どこまでも続く緑の中の一本道に途方にくれたことがありました。

本当に、文字通り、見渡す限りの緑の草原。幸い昼間で空は晴れていたのですが、白い雲と草原とのコラボレーションは当時電気屋さんなどでノートパソコンの初期画面として並んでいた画像を彷彿《ほうふつ》とさせて、その風景の中にまさにいるのだということに、まるで現実味が湧きませんでした。

町はない、家もない、人もいない。一応、ときおり車は通る。

どうする、ヒッチハイクしかないのか。でもいろいろとモラルのない話を聞いたり、実体験もあったりするので実行するには日本と違ってかなり怖い。そうこう言っているうちに夜になったら本当に危険だ。寒くなるし獣《けもの》も出るぞ。

などといろいろ言いつつ歩いているうち、仲間の一人が
「そういえばこんな詩書いてたよね。」

と、ふと私に言ったのです。

確かに。書いたし、映画の中に出たし、そのおかげで皆とこうしてこんなところで命の危機を感じているわけだけれど。でも私だってまさか、人生の中で本当に大草原の一本道をあてもなく歩くことになるとは思わなかった。

そう思ったものです。

度重なる幸運のおかげで、なんとかこの窮地《きゅうち》は脱し、私たちは無事に振り出しのウランバートルまで戻ることとなったのですが、その話はまた機会があれば。

草原のど真ん中の一本道を、こうしていつしか、一人でなく仲間と歩く日々も増えてゆきます。

比喩としていたことが、時折こんな風に現実になって現れることもある。

本当に、この世界は不思議で面白い場所だなと感じます。

撮影現場での思い出

実は今回、この本を書かせていただくにあたり、当時以来なんと一七年ぶりにこの映画『十五才　学校Ⅳ』をＤＶＤで見てみたのですが、いろいろなシーンやあの頃の自分の心情を思い出したりするうちに、懐かしさだけではなく、何か今の自分にとっても益となるようなものがたくさんあることを感じ、二度三度と見直してみました。

あの時は正直に言えば「大人の目で見る十五才」に対して本当の一〇代としてはどこか冷ややかに、「本物ではない」と感じていたようなところもあったと思うのです。素直で、いい子で、でも世間のことはまだそんなに多くは知らなくて……。そんな大人が考える可愛らしい「十五才」に対して反発したい気持ちがあり、そしてそれは、その年齢としては至極《しごく》当然のことだったと言えるでしょう。

「本当はこうじゃないのに」と思ったはずの映画の中での「十五才」や「不登校」の捉え方が、年を経てみればどうでしょう、また違った風な見え方をして心のひだに触れてきます。私の中にまだ存在している「あの頃の私」が浮かび上がってきて、とても愛おしく感じ、なぜだか泣けてくるのです。

「本当は違うのに」と当時の私が思った「リアリティ」とは何なのでしょう。その時は確かなものだったはずだけれど、私にとっては今、自分の中にいるこのか弱く眩《まぶ》しい一〇代の姿の方が本物に見えてくるから不思議なものです。この「十五才」は、今を「十五才として生きる人たち」という意味でももちろんあるけれど、それ以上にその年齢を超えた大人の誰もが心の奥に持っている「十五才の自分」のことなのかもしれません。

「少年が旅に出て、ひとまわり大きくなって帰ってくる」というのは、実は神話にも見られるような昔からある普遍的な成長のストーリーで、その意味の解釈はその時の自分が世界をどう感じているのかによって違ってくる。そんな風に、見る側の状態によって捉え方が変わる映画は、一般的なエンターテイメントの枠を越えた作品であると言えるのだなと思えます。

「兄ちゃん、十五才か。ええなぁ。」

映画の中で、赤井英和さん演じるトラック運転手が主人公に向かってそう言うシーンがあるのですが、大阪の南港《なんこう》で撮影されたこのシーンのロケ現場に、実は私も立ち会わせてもらっていました。行ったところで何の役にも立たず、むしろ邪魔になることは明白なのですが、それでもこうして関西でのロケがあることを知らせていただいたり、また私が東京に行った際などは松竹大船撮影所(歴史ある大船撮影所の最後の作品でした)での撮影現場にも入れていただいたりと、監督やスタッフの方々はその都度厭《いと》うことなく同じ空気を体感させてくれました。

ロケ現場、撮影所、アフレコのための部屋、など、実際にそこで役者さんが演技をして監督が指示を出す本物の撮影現場の雰囲気を肌で感じられたことは、私にとって言うまでもなく大きな体験となりました。

スタッフの方々はいつも構えることなく気さくにこちらと向き合って話をしてくれて、そのことは私をほっとさせたけれど、今にして思えばそれは当時の私がまだ子どもと呼べる「一〇代の女の子」であったからだということがとても大きいだろうなと感じます。今ならもう大人同士となるので、あんな風にくだけて笑ったりするのにはもっと時間がかかるだろうと思うのです。

スタッフの方は、わざわざ私が滋賀から出てきているとあって、東京に訪問するといろんなところへ連れて行ってもくれました。「浅草は見ておきなさい」とか「不忍池《しのばずのいけ》に行こう」とか。

この時の楽しかった思い出を、お礼として山田監督に手紙を書いて、返事のはがきをいただいたことも、この頃の記憶に残る出来事です。

映画のラスト近く、主人公が件《くだん》の詩を暗唱するそのシーンの後ろに、詩の原案者である私と映画の原案者である少年と二人、監督の計らいでエキストラとして画面に登場しています。高校の制服を着て、二人で学校に登校しているという設定なのですが、もちろん、二人とも年齢的には相応でも学校には行っていないので、本当は高校生ではありません。

映画の中で、これまた思いがけず初めて高校生の出で立ちをすることになった私は、当時流行っていたルーズソックスのはき方が全く分からず、衣装担当のスタッフの方に手伝っていただきながらなんとか身につけるといった有様でした。

「袖はもうちょっとまくって。襟《えり》はそんなにつめないで」と、細かく指示を出してくれるその衣装さんが中高年のおじさんだったこともあって、現役女子高生の年齢であるはずの私より研究熱心な衣装さんの方がよほど女子高生らしい着こなしがどういうものかを知っている、ということが周りのスタッフの笑いを誘ったこともいい思い出です。

この時エキストラに出させていただいたおかげで、この映画を見ればいつでも、あの時の、一〇代の私を見ることができます。

他の人にとっては恐らく何の印象にも残らない、背景をふっと横切るだけの二人が、私にとっては、さまざまなことを思い出させるトリガーとして、ずっと深い意味を持ちそこに存在している。

時間を行き来できるタイムマシンに乗るような、たちまち過去が今となる感覚を、このシーンを見るたびに感じます。

それから何年後か。二〇代の若者と呼ばれる年齢にまで成長した私たちは、お世話になったスタッフの方に会うために久しぶりに松竹の映画制作現場を訪ねたことがありました。その時はもちろん、また別の作品を撮影している期間だったのですが、懐かしい顔ぶれはあまり変わっておらず、私たちにあの頃の自分を思い出させるにはそれも十分なきっかけで。あらゆる思い出が浮かび上がり、それは恐らく、学校に行っていた人たちが自分の学生時代を思い出す感情と何ら変わりはないものだろうと思えました。

「十五の頃、あなたの「学校」は、どこにありましたか。」

それは、『十五才　学校Ⅳ』という映画のポスターに書かれた問いかけだったけれど。成人となり、その問いに答えられるようになった私たちは、不思議なもので自分たちにとって、それは「ここ」だったと言えるようになっていたのです。

「あの頃、私たちの学校は、この映画だったよね。」

何年かして同じ場所に戻ってみるのは、なんだか螺旋《らせん》階段をぐるりと一周上って再び同じ風景を目にすることと似ています。

お世話になった校舎を見るように、前より少しだけ高くなった目線でそんな風に言ったことをよく覚えているのですが、その言葉が示す通り、この映画はまさに私たちにとって一つの学びの場であり、そして図らずも一番初めの社会とのかかわりの場でもありました。

「私の中の真実」を持って

誰の人生にも、振り返ってみればあの時が転機だったなと思える瞬間がいくつかあると思いますが、私にとってはこの映画とのかかわりは本当に重要なターニングポイントとなるような出来事で、もしこのことがなければまた全く違う人生になっていただろうなと思えるほどです。

あの新聞記事を読んだ時、ふと、メールを書いてみようかなと思いそれを実行に移したことが、こんな風に思いがけないうねりの中へと私を連れて行ってくれました。

この突然やってくる「ふと」した感覚は、もちろんその後の展開を知ってのことではないはずなのですが、案外どこかで未来と通じているような気配がするもので、一笑に付すことはできないなと感じます。

私がこの「やってみようかな」を実際の行動に移すことができたのは、一言で言えばきっと前述の「真っ白な時間」の中にいたからなのでしょう。とても暇でやることが決まっておらず、たっぷりと休みの時間を過ごしていたので、「ふと」が来た時にその「予想外」に飲み込まれてみることもでき、なおかつやってみようとする体力と気力ももう十二分に温存された状態であった、ということなのかもしれません。もし毎日忙しく、すでにスケジュールがいっぱいであったなら、もしかしたら記事を読んで気になったとしても後回しにしてそのままになっていたかもしれません。

そんな「もし」は考えても仕方のないことなのかもしれませんが、あのとき暇で本当に良かったなあと、時々そんな風に思ったりもするのです。

一〇代後半の子どもから大人へと変わっていく重要な時期に、こうして今までにない「日常の外の世界」との邂逅《かいこう》があったことは確かに私の視界をそれまでより広くさせ、目の前の新たな扉を開かせるような出来事でした。

この頃になって、新たに出会う人たちとの交流が深まってくるにつれ、私は少しずつ自分が不登校児であったことの必然性について思いを馳《は》せるようになり、学校に行かない人生は私にとってなくてはならないものだったのだ、という思いを徐々に深くしていきました。

それは学校に行く方がいいとか行かない方がいいとか、そういう客観的な視点での話ではなく「私」としてどうなのかというごくごく「個人的」なものだけれど、よく重要とされるような「客観的な視点」の正しさよりも、その時の私の前に意味を持って立ち現れてくれていたのは「個人的な真実」の方だと言えたのです。

「学校に行かないと、今はいいかもしれないけれど、そのうち本当に大変なことになるよ。」

客観的な正しさの方向から、私はそんな風な温度のない言葉をいつも投げかけられていると感じてきたけれど。それは本当なのかという疑問を持ちながらも、東京へと出る体験をする前の私の身にはまだ何事も起きておらず、はっきりと「否」と言う力を持てずにいたのです。

自分の足で一歩を踏み出した後、だんだんと現れてくる現実の姿を目にするにつれ、これから始まる人生の縮図がおぼろげながら微《かす》かに見えるような心持ちでした。そしてそれは決して暗く閉じられた一生などではなく、むしろ明るく、数々のまだ見ぬ希望を感じさせるような、大きな広がりがある世界だと感じたのです。

まだ自分だけにしか感知することができない、微かな感覚だけれど、確かにそれは「私だけの真実」と呼べるもので。

つかみどころのない「客観的正しさ」を採用することをやめ、「自分の真実」を頼りの明かりとして持ち、その先を進み出した。

この頃から、本当の意味での「自分の人生」が始まったと感じます。

第3章

生け花の世界での学び

世界

心が咲くように　花ひらく
気持ちのままに　海ゆらぐ
ふいのひらめき　星ひかる

たましいの形を　月うつす
見えないものを　見えるものへ
自然はそうして
世界はこうして　現れる

華道壮風会との出会い

二〇一〇年フランス・パリ。

ルーヴル美術館のチケット売り場はすでに午後の日も傾きかけた時間とあって思ったほどの混雑はありません。

エントランスとなっている有名なガラスのピラミッドを内部から見上げながら、すぐとなりで買ったばかりのチケットを手にメンバーが揃うのを待っている日本人男性に向かって、私がもう本当に心からの思いで

「よもや先生とこんなところに来るとは。」

という感想をもらすと、先生はどれほどその感慨深さを感じ取ってくれたか定かではないけれど、ニカリと笑って「ほんまやな」といつもの関西弁で返してくれました。

地球の裏側のこんなところにまで一緒に来ることになるとは、まさかその出会いの瞬間には想像さえしなかった。その時、異国の地に立って一人しみじみと、ここに至るまでの道のりを思い返していたのでした。

私がその華道壮風会《かどうそうふうかい》会主である松井禾風《まついかふう》先生と出会ったのは、そこから時を遡《さかのぼ》ること更に十数年前、まだ不登校児となって間《ま》もない一一歳の時のことでした。

当時、同じ学区内の他の不登校児たちとほとんど毎日一緒に過ごしていた私は、森で駆け回る他にはお互いの家にも行き来し、家の中で人形ごっこをしたり漫画を読んだりゲームをしたりといった遊びも好んでしていました。

ある日、その中の一人の女の子の家に遊びに行っていたのですが、彼女の部屋がある二階でいつも通り遊んでいると一階からその子のお母さんのびっくりしたような声がちょっと困惑している様子を含んで聞こえてきたのです。

なんだろう、と思い、彼女と二人で階段からひょこっと声のする玄関の方をのぞいてみると、何かを包んだ大きな紙の束をいくつも抱えた男の人がドアの前に立っているのが見えました。

「先生、今日はお花の日やないよ。」

彼女のお母さんは生け花を習っていて、教室の場所として自宅の一室をいつも解放していたのですが、お母さんの説明を聞くに、どうやらそのお花の先生が教室の日を間違えてやって来てしまったということのようでした。

先生も驚いて、「ほんまかいな」「どないしよ」と慌てた様子。

子どもの私たちは顔を見合わせて、大人たちに起こった小さなハプニングを静かに見守っていました。

先生は神戸から教室のために滋賀まで通ってくれていたので、「間違えたからまた来る」で済ますには徒労すぎる距離といえ、それより何より抱えている紙包みの正体である生のお花や枝物の寿命は短く、また次回使えばいいというわけにはいきません。そのままとんぼ返りするわけにもいかず、かといって集まるべき生徒はおらず。そんな時、ふと玄関の大人二人の目線が顔をのぞかせている私たち二人の目線とぴったり合い

「そうや。」

と、その子のお母さんは名案を思いついたというように、

「二人とも、やってみない？」

と声をかけてくれたのです。

先生も普段は子どもに教えることはしていなかったのですが、この時ばかりは状況が状況とあって恐らくイレギュラーな試みとしてその案に賛成してくれました。

「そうやな。よし、あんたらやってみ。」

私たちが突然のことに戸惑《とまど》っているうちに、あれよあれよという間《ま》に客間は教室の形にととのえられ、剣山《けんざん》と水が入って準備がととのった花器の前に座らされることとなり

ました。

そうしてわけが分からないまま、とにかく勧められるままに花ばさみを手にとって、最初に生けた作品はどんなものだったのか。残念ながらその記憶は残っていませんが、ともかくこうして私は、自分の意志とは全く関係のない場所からもたらされた偶然の成り行きによって、華道壮風会の教室に初参加することとなったのです。

後から思い起こしてみれば、この出会いは私の人生にとってその後ずっと影響がつづいていく大事な場面であったはずなのですが、そんなことはもちろん全《まった》く予想されないままに初稽古《けいこ》の日は過ぎていきました。

その体験は、当時の私にとってきっと新鮮で楽しいものだったのでしょう。

「私もあの子のお家で一緒にお花がやりたい」と帰ってから母に話し、めでたく華道壮風会に入会させていただくこととなりました。その後二〇年以上経った今も籍をおかせていただいていて、途中お休みしていた期間もあるとはいえ、未だに変わらず先生の元に稽古に通っているのですから本当につくづく縁とはすごいものだなと思います。

先生が教室の日を間違えたのは、私が知る限りでは後にも先にもあの日一日きり。不思議な力がはたらいて、そのように仕向けたのではないか。そんな風に考えた方が自然に思えるほど、意図とはまるで別世界の方向からやってきた出会いであったのでした。

型のない生け花

まるで前々から決められていたことのように、実にスルリと自然な形で華道壮風会に入った私ですが、そうとは知らず入会したこの生け花の会は、一般的な華道教室とは何かが違うとても特徴のある会でした。

生け花をしていると言うとまず必ず聞かれる質問として「どちらの流派ですか？」というものがあるのですが、華道壮風会は所謂《いわゆる》○○流という流派の形をとっておらず、基本とする覚えるべき「型」を持たない非常に珍しいお花の会だったのです。

日本にある他の華道教室の恐らくはほぼすべてが脈々と続くその流派の「型」を教えることに重きを置いていると思うのですが、壮風会の会主である松井先生はそうした流派の枠を超えたところで各自がそれぞれの「生け花」のスタイルを持つことを良しとし、生徒にある一定の型を教えることはしませんでした。

簡単に言ってしまえばようするに、どんな植物を使おうと、どう生けようと、すべて自由なのです。

自由だけれど、自由だからこそ、難しく奥深くもある。

なかなか言葉で伝えることは困難ですが、あえて後付けを承知で言わせていただければ、これは不登校になって唐突に得た「とても扱いきれない大きな自由」の中でどう振る舞っていくのかという、当時の私にとって切実な課題に実は深く関わりのある事柄だったと思えます。

何をどう生けても自由ならば、その中でよい花とよくない花ができるのはなぜか。

どんな時にその生け花は美しくあり、どんな時にそうではないのか。

それを学ぶことは即ち、どんな風に自由の中で自分を見失わず、かつ豊かな人生をつくっていくのかを考えることと直結していたのです。

自由な調和の中に溶け込んで作品を生み出すことと、自由を我が物にしようと我儘《わがまま》放題で低俗な物をつくり出してしまうことは、似ているようで実はまるで正反対のことなのだと。

だんだんと、そんなことが感覚として見えてくるようになりました。

空間にも形にも色にも、私がまだ気づいていないハーモニーが存在していて。たとえばお花なら、つくろうとする作品のためにどの花がどこに置かれるべきか実は頭で考えずとも自《おの》ずと決まってくる。

こちらにほんの少しでも「こうしてやろう」という無理な作為があれば、ものの見事にそれも表現され、たちまち調和は乱れてその我の強さが花の影から醜く香るものなのです。

生けた花はその時の心の状態をそのままうつしとった鏡として、そこに現れてくれる。現れた鏡を磨けば、その本元である自分自身の心も整うという不思議。

生け花とはそうしたことを学んでいく長く深い「道」なのだと、それから何年もかけて私は少しずつ知っていくことになりました。

稽古について

つい先日、ある方に自己紹介もかねて学校に行かずに育ったこと、その間に華道に出会い先生からさまざまなことを教えていただいたことをお話ししていたのですが、その方はそれを聞いて「それは昔ながらの育て方だね」とそんな風に言われ、なるほど、となんだか納得するような気持ちでした。

どれほど前からなのか詳しいことは分かりませんが「師匠について一つの道からさまざまなものを教わる」という学びの形はこの国には昔から存在していたと私も伝え聞いています。

お話ししたように、そう大層な意気込みを持って入会したわけではなかったのですが、結果的には多くのものをそこから学び、お花の教室は私にとって単なる花の生け方を教わるだけの場所にとどまらず、精神的なことから日常の中での具体的な動き方まで実に多くのことを学ぶ場所……少々大げさかもしれませんが、こう言ってもよければ人生の修行の場となりました。

たった一〇年ほどの経験の中の話とはいえ、それまでの私の人生の中で考えると先生は出会ったことのなかったタイプの大人で、そういう意味でも最初の頃は大変刺激的だったのだろうと思います。

まず一つ例を挙げるなら、不登校児に対しての特別扱いが全くなかった、ということでしょうか。

これはもしかするとそう珍しいことではないように思われるかもしれませんが、当時の私たちは今よりもずっと繊細《せんさい》に「周りの大人の反応」を見ているようなところがあり、例え普通に対応してくれていたとしてもこちらに対して気を遣っていると感じたり、意識的にそうしようと努めてくれているのだなと感じたりしていました。

不登校児だから厳しくしなければと思われるのも、不登校児だから優しくしなければと思われるのも、どちらも何か違うなと感じていて、そういった違和感を持ちながら人と一緒にいるのはとても疲れることだったのです。

先生にはそう感じることが一切なく他の生徒に対してとほとんど同じようにこちらに

接してくれ、それは私たちにとってとてもありがたいことだったけれど、その分私たちの態度や生けた花に何か気になる点があれば容赦なく厳しい指摘も飛んできました。

自分の苦手とする部分、避けている部分、できれば見たくない醜《みにく》い部分にあえて目を向けるのは大人にとっても難しいことだと思いますが、あの頃の私たちはそこを指摘されては泣きそうになりながらも向き合い、少しずつでも何とか改善しようとしていたのだと思います。こうして思い出すと本当に偉いなと感じるのですが、それが出来たのは真摯《しんし》にこちらに向き合ってくれる先生に対する信頼によるものが大きかったのではないか。そんな風にも、思えるのです。

先生は当時の私の人生の中で初めて出会った「毎日どこかへお勤めに行く」といった一般的な「仕事」のパターンを持たない大人の男の人でもありました。お花の先生というのが肩書であり、そのまま職業であり、人生であり。

そんな生き方もあるのだということを、知っていたようで知らなかったのです。それまで人生とは「義務教育卒業後は高校に行って、大学に行って、それから会社に入って、結婚をして……」という形に多かれ少なかれ沿うものなのだと漠然とイメージしていたけれど。不登校になってそのルートから外れたと感じ、もう戻ることは出来ないと、深く悩んできたけれど。人生の道は、それだけではないのかもしれない。その他にもたくさんの、可能性が広がる場所がこの世界なのかもしれない。

そう思えた最初のきっかけも、華道壮風会との出会いであったかもしれません。

そうして先生や他の生徒の方に見守られながら、文字通り大きくなった私たちですが。家族や友人という近い関係の他に、こうした師弟関係と言えるもう一つの世界での学びを持てたことは私の人生にとってかけがえのないことだったと改めて思います。

華展での経験

お花を習うようになり、初めて華展というものに自分の作品を出展したのは教室に通いだしてからそう経たないまだ小学生の頃のことだったと思います。

プラネタリウムも併設されている市営の学習センターの一階、訪れた人が行きかうロビーホールで「さあ好きなように世界をつくりなさい」とばかりに机一つ分のスペースをいただいて。

私にとっての初華展に出展したのは、机いっぱいに色とりどりのビー玉をころがし小さなピンクの器にベニバナを生けた作品でした。

白い布の上にきらきらと光る丸いガラス玉が、まるで宇宙に浮かぶ天体のように見えたのを覚えているのですが、当時何も知らないなりに一生懸命つくり、自分で言うのもおかしいですが初めてにしては見事に心の様子を表現することに成功していたのではないかと思えます。

一人一人の内面は、そのままその人の見ている「世界」とつながっているもので。自分の中にそういうきらきら光るものが確かに存在していることを、こうして外に現してみて初めて自覚できる。そういうことも、あるのではないかと思います。

それから何年かの間で神戸展、東京展といくつかの華展を経て。

一〇代後半の頃に他のことに関心が向いた時、一度お花の教室に通うのをお休みしていた時期が何年かありました。お休みしている間に、私の方にも映画との関わりやいろいろなことを通じて大きな成長があったのと同じように、華道壮風会という会自体もその活動範囲を大きく広げており、いつの間にか海外のギャラリーで華展を開くようになっていました。

私と同じ時期に同じように入会したあの不登校仲間の女の子がニューヨーク展に作品を出展した話などをうわさに聞き、「すごいなぁ」と感じながらも、離れている間はどこか他人事であったのですが。

ある日、何年振りかのタイミングで先生から「来年パリ展を開催することが決まった。あなたがもし出したかったら、今から稽古を再開すれば行ける可能性がある」という内容のメールが届いたのです。

それはあまりに突然のメッセージで、もしかして送り先を間違えているのではと思えるほどに、本当に私に送られて来たのか疑わしく感じるほどに、のんきに部屋でくつろいでいた私の全思考を止めるに十分な、降って湧いたような話でした。

それまで何年も稽古をお休みしていたのですから、いきなり海外展に自分が作品を出展することになるかもしれないなどとは想像もしていなかったのです。

それもフランスの、パリ。

テレビや写真を通じて、少なからず憧れを抱いていた場所です。

携帯に届いたメールの画面を見て、しばらく動きを止めていた気がするけれど。実際には数分もしないうちに、私は「行きたいです。よろしくお願いします」と返事をしていました。

後に先生はその時のことを「まさか行くと言うと思わんかったなぁ」と自分でメールを送っておきながら言っていたのですが、ではなぜメールをくれたのかというと、パリ展のことを考えている時に「若いうちに世界を見ておく方がいい」という思いと共に私の顔がピンと思い浮かんだからだそうなのです。

先生がそのピンとくる感覚をいつも大事にしているのはよく知っているのですが、私もいつの間にか同じようにその感覚に、何か無視できないものを感じるようになっていました。この突然の便りは私にとってその抗いようのない「ピンとくる」ものの一つであったのです。

細かなことは二の次として、とにかく行こう、とそう決めて。

返事を送信した後、身体中をチリチリとした昂揚感《こうようかん》が行き交うのを感じました。

稽古を復活してから約一年後、そうして私は実際にパリ郊外の空港に先生や他の壮風会の先輩方と共に降り立つこととなったのでした。

初めての海外展

初めての海外展は、同時に私にとって初めての「観光以外の目的で行く旅」でした。

パリの街に入り、その街並みの美しさや道行く人々の日本とは異なる姿に感動しつつも、まずは華展が主目的であるのでそれに浸りきるというわけにもいきません。会場となるギャラリーと一週間ほどお世話になるホテルの一室を確認するとすぐ、展示会のための華材探しが始まります。

生の植物を海外に持っていくことは難しいため、日本以外の場所で生けるためにはどうしても材料を現地調達することになるのですが、限られた時間内に全く土地勘《とちかん》のない国で自分が思っているような花を見つけられるのかは運しだいというところもあり、なかなかにスリリングです。

実際、この時期のパリも事前にインターネットでお花屋さんのある場所は調べておいたのですが、なんと驚くべきことに猛暑の影響でどの花屋さんも花の入荷を見合わせており、どこへ行ってもあるのはしなびたアジサイのみ……という衝撃的な事態が待っていました。

もともとそう暑くならないはずのパリが、この年は異常気象で酷暑を迎えたのだとか。バスやホテルなどでは、そもそもクーラーを設置していないといった場所も多く「熱中症の患者がたくさん出たんだよ」と市内に住む方からお聞きしました。そのせいで生じたこの花の品薄状態。花をお店に置いても、きれいな状態を維持できるだけの冷房設備がない、というところも多いようでした。

さて困った。花を仕入れる先が見つからないとのことで、到着から仕込み日までの二日間ほどは皆そわそわと落ち着かなく過ごしていたのですが、ギャラリーのスタッフの方が郊外の市場の存在を教えてくださり、慣れない電車を乗り継ぎ市場まで仕入れに出かけてなんとか揃えることができ、そこでやっと安堵の息を吐くことができたのです。

その他にも作品の設営のために行う作業は実にさまざまなものがあり、ネジや壁の補修をする材料が必要になったり、文房具などのこまごましたものがいったりと、もし普通に旅行でパリに来ていたのならきっと訪れなかっただろうなと思えるお店とギャラリーを何度も往復しました。そもそも同じ場所にたっぷり一週間いるということも、一般的な日本人の海外旅行の感覚ではあまりないことかもしれません。

三日目あたりからホテルからギャラリーへ地下鉄を使って行くルートがなんだか「いつもの道」といった気分になってきて、たった数日ですがその街で「やる事がある」ということは私に喜びを与えてくれ、準備期間中のため動きやすさ重視のオシャレとは言い難い格好で歩いていても、そうした気持ちで日本以外の国にいることがなんだか新鮮で楽しく思えました。

こうして迎えたパリ展の開催日。

日本でつくってきた作品に現地で入手した花を入れて完成させ、無事にフランスの方々に見ていただくことができました。

初日に開かれたレセプションにはたくさんの人が来てくださり、みなさん飲み物を片手にお国柄なのか作品に対する忌憚《きたん》のない意見を次々と言ってくださいます。

私はギャラリーのスタッフの方に間に入って通訳をしていただいたおかげで、聞かれたことに答えたり、面白い感想を伺ったりすることもできたのですが、その時になってはじめて「フランス語ができたら良いのにな」と感じていました。買い物をしたり電車に乗ったりといった行動の際には特に問題と感じられなかった「言葉がしゃべれないこと」が、自分のつくった作品を前に本当に言いたいことができた時にはじめて、不自由だと感じられたのです。

たとえ拙《つたな》くても、何か少しでも、自分の言葉でお話ができたらよかったのにな。

会場まで足を運んでくださった皆さんの顔をお一人お一人思い出しながら、初めての海外展に出展する作品づくりのことだけで精一杯で、語学にまで気が回らなかったことを少し心残りに思った最初のパリでした。

最初の……ということは、二回目があるということなのですが。
実はその二年後、華道壮風会はもう一度同じ場所で華展を開くこととなります。
私は二回目のパリ展開催が決定した時、ぜひもう一度行こうと心の中で迷うことなく決めていました。あの同じギャラリーで、今度はもっと違った形の、自分らしい作品がつくれないかと。

ずっと自分がしてきたことは、お花の他には、詩や文章を書くことで。
詩とお花を合わせたものをつくることができれば、きっとそれは自分の世界をもっと深く表現することに繋がるのではないか。

その閃《ひらめ》きは、またもや突然やってきたのです。

そうだ、次のパリ展では、生け花と詩を合わせた作品をつくろう。

フランス語を勉強して、詩の部分をフランス語で書けたら素敵だな。

こうして空間に詩を浮かべ、植物と一緒に表現するスタイルが徐々に出来上がっていきました。その最初の発表の舞台がパリであったことはとても光栄な驚きなのですが、きっと遅かれ早かれ私は自分の作品の表現方法としてこうした「言葉」と一緒に何かを表すことを選ぶようになっていたのではないかと思えます。

作品のための詩を書く目標を持ったことをきっかけにフランス語の勉強をはじめ、二回目のパリでは事前に覚えたいくつかのフレーズを使って直接現地の方と言葉を交わすことも出来ました。

私が語学を始めたのは三〇歳になる頃からなので、学生時代から勉強している方々に比べればずいぶんと遅いスタートと言え、留学などして一筋に向き合ったわけでもないので残念ながら「自由に会話できる」段階に至るまでの道はまだまだ果てしなく彼方に続いています。

それでも、この自らの興味で始まった「語学」は楽しく、今でも継続していて、このことはまた予期せぬ形で私の世界を広げていってくれているのです。華展をきっかけに、たまたま会場となる国の言語を学び始めたのですが、こうしたこと一つ一つがこれがなければあり得なかった……という重要な出会いに繋がっていく。本当に、不思議で面白いことだなと思います。

ミラノのマダム

華道壮風会の次の海外展、私にとって三回目となる外国での生け花展は、二〇一四年にイタリアのミラノで開かれました。

イタリアらしいイメージを裏切らない明るい太陽による熱い歓迎を受け、空港から乗ったタクシーに、お約束のように遠回りされた後にやって来たミラノ。華展の材料で内容物の半分以上を占められた大きなスーツケースをゴロゴロと運び、やっとたどり着いた現地の宿で、一つの印象的な出会いがありました。

そのギャラリーから徒歩数分という好立地条件の宿泊所は、一部屋ごとにキッチンと家具がついた中長期滞在にぴったりな素敵な場所だったのですが、私たちにとって予想外なことに、数名いるスタッフの方のどうやら誰も英語は話せないらしいということが到着早々に判明しました。日本語は言わずもがな全く通じませんし、私たちの中にもイタリア語ができる人はいません。

英語力が高い仲間の力を借りて宿のスタッフとのやり取りを乗り切ろうと考えていたのですが、初《しょ》っ端《ぱな》からその案はうまくいかないことが分かったのです。いざとなったらギャラリーの日本人の方に通訳をお願いするということもできなくはないですが、頼むほどではないちょっとしたことなど、やはり言葉が通じないと不便だろうなと察せます。

そんな一見困った事態の中には、けれどだいたいいつも、宝石のような煌《きら》めきが紛れているもので。

少ししてから壮風会のメンバーの一人が「今一階の受付にいる女の人、フランス人みたいだよ」と私がフランス語を勉強しているのを知っていてそう伝えに来てくれたのです。

なんと、それは好機。

まだフランス語を初めて少ししか経っておらず喋れるとは決して言いがたい状態ですが、片言も通じない日本語よりは、片言でも話せるフランス語があった方がマシだと言えます。

そんなことは全く想定していなかったはずですが、イタリア旅行なのになぜか普段使っているフランス語の電子辞書を幸いなことに荷物の中に入れていました。ついでに入っている英和辞典がもしかしたら役に立つかもと思ってのことだったのですが、英語ではなくしっかりフランス語で使うことになるとは……。何事も準備はしておくものです。

ちょうどWi-Fiのパスワードをもらいに行かなくてはと思っていたところだったので、そのフランス人の方がおられる受付に、まずはご挨拶にと出向いたのでした。

一階の受付は階段脇のガラス戸の中にあり、小さな机といくつかの書類が置かれた事務室も兼ねているような場所で、カウンターであるその机に座っていたのは私の母より少し若いくらいの年齢の上品なマダムでした。

こちらと目が合うと、にっこりと優しい表情で微笑んでくれます。

私はさっそく、「ボンジュール」と声をかけ、フランス語が少しだけ話せることを彼女に伝えました。

本当にやっと伝わるくらいの拙い表現にも関わらずマダムはとても喜んでくれ、それから……一体何が起こったのでしょう、私たちはしばらくの間その場で「話し込む」ことになりました。

こんな風に書くと、本当はそこそこ出来たくせに謙遜《けんそん》して喋《しゃべ》れないと言っているように聞こえるかもしれないのですが、誓ってそんなことはありません。私はその時確かに、長く会話を続けられるほどフランス語が堪能だったわけではないはずなのです。
けれどマダムの前に立ち、その澄んだ瞳を見つめると親しい人と向かいあっている時のように安心し、相手が何を話しているのか理解することが出来たし、マダムもまた私が口にする一つの単語からその背景を全て汲み取ってくれるかのようでした。

懐かしい人に会った。

初めて出会う方、それも遠い国に住む方なのにとても不思議なことなのですが、そんな感覚に近いものを覚えたのです。
お互いの簡単な自己紹介が終わると、マダムは日本について、実は昔からとても親しく感じていると話してくれました。子どもの頃から、特に理由はなくとも「日本」という国のイメージが事あるごとに現れ、何か自分と関係の深い場所として感じていたのだということ。
「日本語を話すことはできないけれど、私は、本当は自分が日本人なのではないかと思うの。」

そんな風に響いてきた言葉と、その時の彼女の雰囲気は本当に忘れ難く、私はこの彼女との会話の間、何か別次元に迷い込んだような、異なる時間の中にいるような、彼女の声以外辺りの他の音は一切聞こえなくなるような、そんないつもと違う感覚でそこに立っていました。

今日こうして日本からの一行がはるばるやって来たことをとても喜んでくれているのだと感じ、短い間の会話の中に散りばめられた彼女の心に思わず涙ぐむような気持ちでした。

私たちは普段、言葉を便利な道具として何気なく使っているけれど。でも恐らくはそのほとんどを、意識をしないままに日常の「いつものこと」としてただ垂れ流していて、本当に心のこもった言葉、本当に思いが詰まった言葉を言ったり聞いたりすることはとても少ない。

マダムの言葉には彼女の体温が宿り、その温かさはそれだけで私の心のひだに触れてくるものだったのです。

人間同士の間には、言葉を越えたところにも、何か確かに流れているものがあって。目に見えない私たちの「心」は、もしかするとそうしたお互いのやり取りの間にこそ存在しているものなのではないか。そんな風に思える出来事でした。

マダムはそれから私たちの華展の案内をご近所に配ってくれたり、レセプションにお祝いを届けてくれたりととても好意的に接してくれました。

私は会期中毎朝、彼女の元へ行って何か少し話をするのが日課になり、お互いのことを少しずつ分かち合い、私たちは思いがけず言葉をあまり必要としない友情を育むことができたのです。

華道壮風会の一行が日本へ戻る数日前、マダムがバカンスの期間に入り旅に出るのでしばらくお休みになるということを伝えてくれて、今期の仕事の最終日、よければ一緒にお茶をしましょうと誘ってくれました。

私は詳《くわ》しいことを聞くだけの会話能力がないために、どこかのカフェにでも行くのかなと思っていたのですが、約束の時間に一階におりるとどこからともなく美味しそうな匂いが漂ってきます。

マダムが笑顔で招きいれてくれたのはホテルのロビーで、そこにクッキーやチョコレートなどのお菓子と共に温かなコーヒーが用意されていました。

先生をはじめその時間に宿にいた壮風会のメンバー数人も招いてくれて、ホテルの他のスタッフの方も加わっての小さなお茶会です。

私とマダム以外は言葉を交わすことができないはずなのに、掃除係の女の子も最初に受付をしてくれた男の人もみんな笑顔で、不思議と和気あいあいとした楽しい会でした。

この宿のオーナーは、どうやらこのマダムだったようなので、彼女の持つ雰囲気がこの宿全体を明るく保っているのではないかと私には思えました。

彼女は別れ際、この宿の名前と住所が刻印された、ペンライトにもなる小さな銀色のボールペンを贈ってくれて、それをともしながら「この光が、あなたたちを再びここへ導いてくれますように」と言いました。

それから今でも、時折メッセージを送り合う交流は続いています。

再会の時はまだ訪れていませんが、「これから先、きっとどこかでまた会えますように」その同じ願いを、私も胸に抱いています。

たった一つの道へ

こうして振り返っていくと、一つ一つの出来事がひとりでに次の出来事へと繋がっていき、最初の一点からきれいな網の目のように広がっていく様子が分かります。

真っ暗だった場所にも、少しずつ明かりがともされて、いつの間《ま》にか知らない怖い場所だったはずの学校の外の世界は私にとって親しく身近な存在に変わっていました。

未来を想像する時、人は今見えている自分の位置と条件からその先を判断しようとするけれど。本当は、一歩先にどんな世界が広がってどんな人との出会いがあるのか、誰も事前に知ることはできないのです。

私が学校から離れ、もうまともな人生は歩めないのではないかと考えていた時、私にとって学校という存在は、生活の中でほとんどすべてと言っていいくらいに重要な部分を占めていて、とても頼りにしていたその先の人生へとつながる道しるべでもあり、だからそれを失うことは本当に大きな恐怖だったけれど。いざ行かなくなってしまえば、その空いたスペースは学校に行っていたらできなかった経験、学校に行っていたら会えなかった人たちとの出会いで次々と埋められ、そのことがしだいに未来を指し示す明かりとなっていきました。

もしもずっと学校に行っていたなら、どうなっていたのか。それは私が経験することのなかった未来なので知ることができませんが、きっと別の経験や出会いがあったのだろうなと想像はできます。でも学校に行っていたかどうかということは実は問題ではなく、どちらの道に進んだとしても、大事なのはそれを自分で選んだ道なのだと感じられるかどうかということではないかと思うのです。

どこまでもスケジュールが真っ白な空白の海に、今日という船に乗って漕ぎ出した時。それは私が、学校に行かないという選択を自ら受け入れた日でもありました。

自分の意志でこの世界に生まれてきたのかどうか、と、そこまで遡《さかのぼ》ると生まれる前の世界のことなので本当のところは分かりませんが。

少なくとも私たちは幼少期に自我が芽生えた時、暮らしている環境を好むと好まざるとに関わらず「自分で選んでいるわけではないのにここにいる」と感じたことがあるのではないでしょうか。

そのまま保育園か幼稚園に行って、小学校に行って、中学校に行って……。そんな風にすでに決まっているルートに乗りながら、自分で選んでいるわけではない与えられた世界の中をしばらくはともかく進んで行く。そうして成長を続けるうちどこかの地点で、自分自身で「自分の人生」を選択する機会が何度となく訪れてくれます。

自分で選んだその選択を、受け入れることができるかどうか。たとえ誰に良く思われることがなくても、時間がかかる道でも、自分だけはそこを行く自分自身の助けであろうと、密かに心に決めることができるかどうか。私はそこが、自分の人生を自ら歩いて行けるかどうかの分かれ目となっていくのではないかと思います。

自分の人生を歩くということは、言葉を変えれば自分の人生を引き受ける、ということになります。引き受けたからにはその後起こる出来事について他の誰のせいにもできず、例えば私の場合なら不登校の道を引き受けた自分を不幸にするも幸せにするも私次第ということになるのです。

なかなかに荷が重い選択とも言えるのですが、私は不登校になったおかげで早いうちにこの選択をするはめになり、でもそれが結果的にはとても良かったなと自分では思っています。

二〇歳くらいの頃、東京の仲間の一人と話していた時、誰もが知るある有名大学の学生だった彼が
「それで、僕らは一体いつ〝選ぶ〟んだろう。」

と呟《つぶや》いたことがありました。

「〝良い高校に入るということはよりたくさんの大学へ入れる選択肢を広げることであり、良い大学に入るのはよりたくさんの会社へ入れる選択肢を広げることである〟とばかりに子どもの頃からずっと、そうやって選択肢を広げつづけてきて。だけどその広げた選択肢の中からこのままでは一向に〝選ぶ〟ことをしないように見える、そういう人たちも多い気がする」と。そんな風に言っていたことが、心に残っています。

選択肢を広げるという意味で言えば、その価値観の中では不登校児というのは出だし

から選べるものを「○《ゼロ》」にしてしまう行動のようなもので、その方式からいくとどこの学校にも会社にも入ることができなくなり、だからこそ「不幸である」と思われていると思うのですが。

「AかBかCの中から選ぶ権利」はなくなっても、「それを選ぶ世界に行かない」という選択、新しく「AとBの間にあるものを見いだす」選択、「まだないDをつくりだす」選択は誰に憚《はばか》ることなくいつでもできます。

自分の人生を自分で引き受けると決めるのは覚悟のいることだけれど、でもだからこそ、そうしなければ行くことのできない世界に入っていくことができる。

勇気を出して漕ぎ出した先に広がっていた世界は私にとって今「かけがえのない時間」と呼べるもので。

たとえ無限に広がる選択肢があったとしても、やっぱり私はこの人生を選ぶだろう。
そう思える、たった一つの私の道となりました。

コラム　小さな命

人間のことばかりお話ししてきましたが、重要な時期に大きく助けられたなと思えるのは、実は人にばかりではありません。

一四歳の時、どうしても犬が飼いたくて、両親に頼み込んでラブラドールレトリバーという種類の大型犬を家に迎え入れました。

私が幼稚園の頃から小学校低学年の間にも、我が家には小さな犬がいた時期があったのですが、その子はあまり丈夫ではなく若くして病気で死んでしまったので、犬を亡くす時の辛さを考えるともう一度飼いたいという気持ちにはなかなかならないというのが他の家族の正直な気持ちのようでした。

もちろん、世話が大変だというのも飼うのを渋る理由の一つではあります。

犬を飼うと旅行などで長期にわたって家族で家を留守にすることもなかなか難しくなるし、子どもはよく言われるところでは、最初は「自分で犬の世話をする」と言っても、すぐにやらなくなって結局親が面倒をみることになる……というものらしいのです。

不登校体験によってかどうか、その「よく言われるところ」「そういうものだ」という常套句《じょうとうく》に当時ほとほと閉口していた私は、その疑惑を払拭《ふっしょく》したいという思いに動かされて「世間でどう言われていても、それは関係ない。自分は自分で、決めたことの責任を最後まで持つ」と意気込むような気持ちでした。飼うと決めたからには最後まで投げ出さず、自分の犬として世話をすると約束したのです。

ブリーダーさんの元へ行き、生まれてまだ数カ月しか経っていないラブラドールの小さな子たちが四角い柵の中でワフワフと戯れる間に手を伸ばし、その中の一匹を抱き上げた時には、すでに私にはそれがうちに来るべき「その子」だという確信があったように思います。元気にこちらに向かってしっぽを振る、つぶらな瞳とよく湿った黒い鼻を持つ女の子でした。

ケーキの箱のような白い段ボールに入れられて、膝の上でクルクルその子が回る振動を感じながら、車の後ろの座席にすわって帰ったこと。

私の部屋の中に用意してあったスペースのバスタオルの上にその子を降ろし、「今日からよろしく」と言ったこと。

まるで昨日のことのように思い出せるのですが、すべてもう二〇年も前のことなのですね。

その子はそれからずっと側にいてくれて、大型犬としては珍しいほど長生きと言われる一六歳で天寿《てんじゅ》を全うしました。

その間、私が何日か家を空ける時など、もちろん家族の助けを借りて一緒に世話を手伝ってもらっていたけれど、私が中心で面倒を見ているのだという気持ちを失ったことは一度もありませんでした。最後までその子の命をお世話できたことは、私にとっては実は一つも大変なことではなく、むしろできることならもっとずっと続けていたいことだったのです。

褒《ほ》められることではないかもしれませんが、本当にほとんどいつも一緒にいて、同じ部屋に暮らし、夜も同じベッドでその暖かな体温を感じながらずっとくっついて寝ていました。

おかげで布団も着ている服もいつも犬の毛がついていて、小児科医で清潔好きだった母方の祖父が見たら思わず顔をしかめるような環境でしたが、にも関わらず、その子が来てからの私は誰の目にも明らかなほど、どんどんと心身ともに健康になっていったのです。

朝、まだ日ののぼる前に「散歩に行こう」と顔を舐《な》めたり、爪で布団をひっぺがしたりされながら起こされるので、当然寝坊などできるはずもなく。

家族の誰も起きないうちから散歩に出かけ、途中で朝日がのぼるのを眺めてから帰ってくるのが日課でした。

朝夕の散歩は私の生活に規則正しいリズムをつけ、よく動くようになったことでよく食べるようにもなり、それがよかったのだと言うこともできますが。

けれど私はそれ以上に、その子が私に対して与えてくれる全身全霊の親しみが、どんどんと私によいエネルギーをくれたことがとても大きかったのだと思います。

そういう関係を築くことが大事なのは、なにも人間同士に限ったことではありません。親友のような姉妹のような、犬が好きではない人にとっては理解し難い感情かもしれませんが、本当に、そうした深い交流が確かにあったこと。それが私を、孤独を感じさせる深刻な悩みの淵からいつの間にかすっと救い出してくれていたのだと感じています。

今思えばこの子が来る前の私は、考え事ばかりして少々頭でっかちになっていたのでしょう。

青白い顔に表情のないなんとも心配な様子の少女の写真が、今も残っていることがそれを証明しています。

この子が与えてくれたものなしに、私はあの時期を乗り越えることはできなかったかもしれない。

あの時犬を飼うことを了承してくれた両親と、それから「最後まで面倒を見る」とはっきり宣言した当時の自分に大きく感謝しています。

それからもちろん、小さな身体に大きな明るい光を持って現れてくれたその子にも。

本当に、ありがとうと何度でも言いたい気持ちです。

第４章

不登校でも大丈夫

道しるべ

ついには分からなくなってしまうよ
本当には　どうなのか

ついつい楽な文字を選んでしまうよ
考えることと　向き合うことは
いつでも怠けられるんだ

道しるべのその本を
だからせめて　手に取って

とうに忘れたあの言葉
美しい響きの数々を

抜き出しながら　進んでいくんだ

大人の扉

「大人になるって、どういうことだろう。」

それは多くの人が子どもの時に漠然《ばくぜん》と抱くたくさんの疑問のうちの一つなのではないかと思います。

どんどん身体が大きくなって、もうこれ以上はないというところまで身長が伸びたら大人なのか。

二〇歳になって、成人の日を迎えたら大人なのか。

結婚したら大人なのか。

それとも就職して稼いだお給料で自立できるようになったら大人なのか。

私もその多くの人の一人として、すぐには答えの見つからないこの問いを長い間なんとなく胸の中に持っていました。

こういう類《たぐい》の質問は、ある意味で、答えが見つからないのは当たり前とも言えます。人は成長する間に自分自身で幼い頃の自分が持っていた疑問に答えを出していくものですが、その答えに万人に共通する唯一の正解があることは稀で、大抵は一〇〇人いれば一〇〇人とも少しずつ違う考えと答えを持っているものであり、それを無理やり一つにまとめる必要はないのでしょう。

身体が成長したら大人だと思う人もいるし、二〇歳を過ぎたら大人だと思う人もいるし、結婚して家庭を持ったら大人だと思う人もいるし、自分で稼ぐ力があってこそ大人だと思う人もいる。

法律ではみんなで共有するはっきりとした線引きが必要となるので、成人とは二〇歳以上の人のことであるとされていますが、実際には二〇歳を大人と思うかどうかはそれぞれの人の判断に任されているように思います。

私はといえば、ある一定の年齢が来たら自然に大人になるというのは何か違うだろうなと思えていたし、身体の成長に心が伴わないと感じることもしばしばだったし、結婚しているかどうかとかどのくらいたくさんのお金を稼いでいるかといったことが人間的成熟の目安になるとも考えていませんでした。

不登校生活真っ最中の小学校高学年頃には、大人とは「もう会えない人、もう行けない場所」の記憶を多く持っている人のことではないか、と仮説を立ててみたこともあります。

両親や祖父母などの身近な大人たちが語る言葉の中には、それぞれの昔話としてもう亡くなった人のこと、今はもうない子ども時代を過ごした懐かしい風景などのことが語られて、私はそれを聞くたびに、自分にはまだそのようなものが存在しないこと、今この瞬間のやり取りや祖父母との関係が、やがてそうした思い出に変わっていくだろうことを感じていたのです。

確かにそれも、一理あると思います。

現在の私にはもう会えない人や行けない場所についての記憶が少なからずあり、それに伴う切ない気持ちも知るようになりました。

でも、ではそれだけで大人といえるのか、と今では疑問に感じるところです。

今の私は、大人とは「世界に対して、何か良いものを還元している人」のことなのではないか、という考えに落ち着いています。

文字にすると何だかすごいことを成し遂げなければいけないようにも見えますが、とはいえこれは、そう大げさな話ではないのです。

生まれた時から当たり前にそばにあったもの、太陽や土や水やその他たくさんの自然の恵みと、一緒にいてくれた人たちの温かさに育てられてここにいること。そのことに気づくと自然に、与えてもらったぶん、今度は自分が出来ることを返していきたい。そんな風な思いが、湧いてくる。ただ一方的に与えられている中では見えなかったものが、自分も与える側に回ろうとすると自《おの》ずと見えるようにもなってきて。そこでやっと、先に「還元する側」にいた人たちとも同じ目線で話が出来るようになる。

そうした風に、社会の中で自分の立ち位置が変化すること、これまでとは世界に向ける視点が変わることを、大人になると言うのではないか、そう思っているのです。

もちろんどんなに小さな子どもでも、子どもにしか出来ない方法で世界に対して良い影響を与えていくことも出来ますが、それを本人が「やろう」と決めて意識的にそうしているかどうか、というところに大きな違いがあるのかなと思います。

自覚なしにただ無邪気に良いものを振りまくのもそれはそれで素晴らしく、この世界になくてはならない純粋な在り方と思えるし、私は実のところそんな風な状態で一生を子どものまま過ごす人がいても、それはそれで良いのではないかと本気で感じているのですが。

だけど大人には、前述したように大人にしかない視点があり、そこに行かなくては見えない世界がある。

私はやっぱりそこに行ってみたくて、それを目指して、二〇代の頃は準備を進めていたような気がします。


小学校三年生から不登校児となり、大多数の人とは違う道を歩いた経験を持つ私が社会に対してこの先還元していけるものがあるとすれば、それはこの経験そのものである、と言えるかもしれません。

この本をこうして書かせていただいているように、これまで私が与えてもらったものを、いろいろな方法をとって今度は自分から他のどなたかへとお伝えしていくことが、大人の扉を開いていくことになるのではないか、今はそう思えるのです。

エッセイの連載

「不登校の体験をエッセイとして連載してみませんか。」


そんな問いかけを再びいただいたのは、二〇代後半のことでした。

ある地域で二カ月に一度ほど各家庭に配られている福祉冊子の紙面に、不登校児だった頃のことを今の視点から書いて欲しいというご依頼です。

山田洋次監督の映画『十五才　学校Ⅳ』のホームページ上に、当時まだ日の浅かった不登校の経験について書かせていただいて以来、実に一〇年ぶりに投げかけていただいた提案。たまたま冊子の編集者の方にお目にかかる機会があり、昔話として不登校児時代のことをお話ししたらとても興味を持っていただけたようで、「ぜひそれを文章にして多くの人に伝えて欲しい」と言ってくださったのです。

私は実を言うと、そんな風に言っていただけることをどこか意外に感じていました。というのもその頃、私にとって「不登校」という単語はもはや日常のどこにも存在していない過去の出来事で、普段の話題の中にのぼることもなければふと思い出すこともなくなっており、今まさに不登校児として生活しているという方々からすると信じられないかもしれないのですが、自分が不登校をしていたことなどほとんど忘れて暮らしていると言っても過言ではなかったのです。

もちろん記憶がなくなっているわけではないので「不登校児だったのですね」と声をかけられれば「あ、そうだった」と思い出して話すこともできたのですが、それくらい、実感としては遠い出来事となっていました。

不登校児となったばかりの悩みの淵にいた頃には、それこそ今の自分の姿が何十年先の自分にもずっと悪影響を与え続け、もっと言ってしまえば一生消えない傷となって残るだろう……と信じるほど深刻に考えていたのですが、実際の二〇代の私はそう思っていたことなどすっかり忘れて平和に過ごしていたのです。

不登校児だったということを忘れていた、というのは、忘れるほどに私にとってそれは当たり前の出来事となっていたということでもあり。そのことについて書いて欲しいと言われて改めて、不登校を経験した人の話というのは多くの人にとってはあまり聞く機会のない珍しいものなのだと気づきました。

人は一つの人生の中で、一つの道しか歩けないと決まっているから。選ばなかった道、経験することのなかった道について、すべて知ることはできないけれど。

でも代わりにその道を歩いてくれた別の人生を持つ人が周りにはたくさんいて、その経験を分かち合うことで、自分自身は体験していないこと、見たことのない風景についても思いを馳せることができる……それが、人間特有の面白い性質なのかなと思うのですが。

そうした意味では私の不登校経験を、「見た事がない風景」の一つとして、もしくは

「先に歩いた人の道」の一つとして伝えることにも価値があるのではないか、そんな風に思えたのです。

二つ返事で連載をお引き受けして、そこから数年に渡り、少しずつ不登校児時代の自分を思い出しながら文章を書いていきました。

一回だいたい原稿用紙一枚分ほどの短いエッセイだったので、ここに書かせていただいているほど詳しい内容ではなかったのですが、それでも小学校三年生で学校に行かなくなった時のこと、そこから一〇代にかけてのことを紐解《ひもと》くように思い出すうち、だんだんと目の前にあの頃の小さな私が現れてくるような気持ちになり、一つずつその子の言葉を文字に起こしていく作業は小さな自分との対話のようでもあり、まだ言葉の拙《つたな》い幼子の話をじっと聞き、その傍らに寄り添うような時間でした。

連載を続けるうち、色んな方から感想をいただく機会もあり、それももちろん嬉しいことだったのですが、私にとっては何より、そうして過去の自分と再び向き合うこと自体がその頃の私に必要な、とても大切な作業だったと思えます。

そうしてどれくらい続けた頃だったでしょうか、今度は色々な場所から「お話に来て欲しい」と言っていただくようになりました。

文章を書くことは好きだったけれど、人前で話すことはそう得意ではないと感じていた私に、思いがけず今度は講演の依頼が届くようになったのです。

講演の場

「講演・末富晶さん」

大きく掲げられた紙と、マイクの横に飾っていただいた可愛らしいお花を目にし、

「ええい、ままよ」と話し始めた……そんな風に始まった初めての講演会は、集まってくださった六〇名ほどの方々を前に、緊張の心持ちでスタートしました。

長い人生色んなことがあるだろうとは思っていたけれど、まさか自分の名前で講演会が開かれることになるとは……。これまでお話ししてきたように、予想外のことばかり起こる道を歩いてきているのですが、これもまた本当に、少し前まで想像さえしていなかった事態でした。

講演のご依頼をいただいた時、長い不登校経験のうちのどんなことを話せばいいのか、そもそも人前で話すことに関して全く素人の自分がいただいている一時間余りもの時間を有意義に使うことができるのか、ひょっとして途中で緊張のあまり頭が真っ白になって話が止まってしまうのではないか。

そんな当然と言えば当然の不安がありました。

何しろやってみたことのないことは、とにかくすべてが未知なのです。

事前にカフェで主催者の方と打ち合わせさせていただいた時には不登校時代の話がい

くらでもスラスラと出てきて、「そんな風に話していただければ大丈夫です」と太鼓判を押していただいたのですが、目の前の相手から度々相槌《あいづち》や質問などの反応をいただきながら話すのと、何十人もの方々の前でただ一人お話をさせていただくのとはやはりわけが違います。

ひょっとしたら、うまくいかなくて、失敗するかもしれない。

そう思いつつも挑戦しようとするのは、昔の自分では考えられないことだったかもしれません。恐らく一〇代の頃の自分なら、失敗して傷つくことを恐れ、わざわざその怖さの中に飛び込もうとはしなかったと思うので、これは元々の気質ではなく経験を元にした決断だったと言えるでしょう。

勇気を出してその怖さに飛び込めば、きっとそこでまた一つ新しい世界が開ける。

そんな風な確信が、私の中にはあったように思います。

講演がうまくいっても、うまく喋れなくて失敗しても、そのどちらにしろ少なくともそれを「まだ知らない未知のこと」から「一度はやってみたことのあること」へと変化させることができます。その変化は私にとって、うまくいかなくて傷つく可能性を考慮してもなお、価値あることと感じられるようになっていました。

できるだけの準備をして当日をむかえ、マイクの前に立ったら、あとはもうどんな結果でも受け入れよう。そんな気持ちだったのです。

「できるだけの準備」と思えることの一つとして、私は事前に、自分の友人の中で際立って話し上手と思われる一人に相談に行きました。

その人は奈良のお寺のお坊さんで、毎日たくさんの人の前で話をすることを勤めとするちょっと特殊な環境にいる方なのですが、その立て板に水であると同時に感動的な話しぶりを手本とするには無理がありすぎても、古くからの友人の彼なら何か私にもできそうな的確なアドバイスをくれるのではないか、そう思って訪ねたのです。

彼は話を一通り聞いて現状を把握すると、少しだけ思案の後に、はっきりとした口調で私に向かってこう言いました。

「その講演の中で、他に話したことの全てを忘れてもいいから、会場に来てくれた人にこれだけは一つ持って帰ってもらいたいと、あなたがそう思える何かはあるの？」


もしその思いが根底にあるのなら、それだけで、その話には価値がある。

その何か一つだけを、届ける。

そんな気持ちで、初めての講演会に臨むといい、と。


彼の言葉を胸に、電車に乗って家に帰る途中も、私はずっと、その問いかけを自分自身に繰り返していました。

長い話の中で、他のすべてを忘れてもいいから、これだけは一つ持って帰って欲しい。

そう思える何かが、私の話そうとする言葉の中にはあるのだろうか。

あるとすればそれは、何なのだろう。

いくらかの熟考の末、ふと思い浮かんだその答えは、

「不登校でも、大丈夫。」

という言葉でした。

学校のことでも、映画のことでも、お花のことでも、文章のことでも、人との関係やその他様々な具体的な出来事のどれでもなく、「不登校でも、大丈夫」、そう思うというただの私の主観。それも、少し前までなら単純すぎて恥ずかしく感じ、言葉にすることもなかったような思いです。

けれど私は、はっきりと心の中に浮かんだその一言に、過去の自分が救われるようなな何とも言えない安堵《あんど》感《かん》を覚え、知らず知らずのうちに涙がこみ上げてくるのを感じました。

「不登校でも、大丈夫」、それは他でもなく、あの時小学校三年生で学校に行かなくなった小さな私が、誰かにそう言って欲しいと心から求めていた言葉だったのです。

学校に行っていても、行っていなくても、どんな場所で、どんなことをしていようと、そんなことは全く関係ない。たとえ他の誰に何と言われても、一人きりに思えても、私が私であること以上に大切なことはないし、それを守りさえすれば、あなたの歩く道はどんな一歩も素晴らしいものとなる。

誰にも言ってもらえなかったその言葉を、未来の自分が届けてくれる。

こんなに心強く、嬉しいことがあるでしょうか。


「不登校でも、大丈夫。」


今の自分は、心の底から、本当に、そう感じている。

その思い一つを持って、お話をさせてもらえば良い。

そう知ることが出来、講演の日、緊張しつつもどこか迷いの晴れたような気持ちで皆さんの前に立たせていただくことが出来たのです。

一時間という講演時間は、蓋《ふた》を開けてみれば本当にあっという間《ま》でした。

友人のアドバイスがあったおかげで肩の力が抜けたのでしょう、自分で想像していたよりもずっと落ち着いていて、決して上手とは言えなくても、心からの言葉でお話をさせていただくことができました。

どんな風に受け取っていただいたのか、それは来ていただいたお一人お一人の心の内に起こることなので私には知ることが出来ませんが、私にとってはまた一つ新しい経験が増えた、印象的な一日となったのです。

今ふたたびの、学校

一度あることは二度あり三度あり……。それから何度か、いろいろな場所でお話をする機会をいただいたのですが、その中の一つとして、なんと学校の授業にお邪魔する機会がありました。とある高校で、一年生の福祉の授業の一コマの中で不登校体験の話をして欲しいとその学校の先生からお話をいただいたのです。

先生は連載していた私のエッセイをいつも楽しみに読んでくださっていたようで、「ぜひ生徒たちに会っていただきたいのです」という言葉と共に私を教室に招いてくださいました。

鉄道の駅から少し距離があるその学校まで山道を車でおくっていただいて、たどり着いた校庭から昔ながらの趣が残る校舎がズンとした存在感で建っているのを目にしたとき、私は突如《とつじょ》何とも言えず感慨深い郷愁に似た感情に包まれるのを感じました。

出迎えてくれた先生に校舎の中を案内していただき、授業中の教室を廊下からのぞいて、白いチョークがカツカツとリズムよく黒板の上に弾むのを眺めたり、体育館でじゃれ合いながら作業する生徒さんたちの楽しそうな声の間を通り抜けたり、何十年と変わらない音色のチャイムが授業の終わりを告げるのを聞いたりしては、その度に身体の奥底がわけの分からない懐かしさに震え、ずっと昔からこの「学校」という存在をよく知っていると親しく思うような気持ちになったのです。

これはきっと、誰が聞いても、おかしなことだろうと思います。

学校について懐かしく思い出すほどの思い出は、私の中にはどこを探しても見つからないはずで、見つけられたとしても恐らくそれは、良い思い出とは言えないものでしょう。

けれども実際には、数十年ぶりに再び足を踏み入れた「校舎」の中はさわやかな空気に満ち、懐かしい場所に帰ってきたと思わせてくれました。

こうしたことがなぜ起こるのか、もちろん誰にも、正確な理由は説明できないだろうと思えるけれど。父と母も、祖父も祖母も、時代と場所は違えども同じように通った

「学校」。前の時代の人々が積み重ねてきた歴史はたとえ自分が直接体験したものでなくとも、大きな影響力を持ってそこにあるのだと感じられました。
童謡の中でしか知らなかった景色にそのまま出会えたような感動が、実際に目に見える場所の裏側に、そうした郷愁としての学校の存在があることを教えてくれたのです。

その高校の教室で私の話を聞いてくださった生徒さんたちは、一年生ですから皆さん一五歳か一六歳の方々でした。ちょうどその年齢だなと、映画『十五才　学校Ⅳ』の話もさせていただいたのですが「二〇〇〇年の映画です」と言ってから、もしかしてその頃にはこの人たちはまだ生まれてなかったのかもしれないと思い至って愕然《がくぜん》としました。いつの間にか、目の前の一〇代の人たちの倍の時間を生きている。時間の流れの不思議を改めて感じる時、過去に自分が一〇代だった頃、年上の人たちがどんな風に自分たちを見て、なぜ当たり前のように助けの手をさしのべてくれたのか、その気持ちが理解できるようになっている気がしました。

そうした感情を持っていたからでしょうか。学校の授業でさせていただいたお話は、他の場所でのものとは少し違って、自分自身の経験の話だけにとどまらず自然と今の思いが湧いて出るように広がりを見せ、私は自分でも知らないうちに、こんな風に思う、と「人間は、楽器のようなものかもしれない」というお話をしていました。

一人一人の楽器

たとえば人が、それぞれに異なる形と音色を持つ楽器だったとして。

ギターの人もいれば、笛の人、ハープの人、バイオリンの人、ドラムの人……という風に、ありとあらゆる楽器が存在している世界に、住んでいるとしたら。

相性のいい楽器同士なら、出会ってすぐにハーモニーをつくることもでき、綺麗《きれい》な音色がまたそのハーモニーに合う別の楽器を呼び集めるだろうし、逆にどこか全然違う系統の楽器同士の合奏だったりしたら、それぞれかなり熟練した奏者でなければ合わすことが難しいケースもあったりする。
けれど音楽の世界には好みの差はあれどどちらがより素晴らしいかといった楽器による優劣は本当は存在しないし、奏者の力量によってはやがてすべての他の楽器と調和できるようにもなるのだろうから、どの楽器に生まれたとしてもその点では心配はないと言えるでしょう。

だけど、それぞれの楽器は最初、自分が何の楽器なのか知らずに生まれてくるから。

どう見てもハープなのに、周りに太鼓が多い地域に生まれてしまったために、他の皆と同じように自分の身体を一所懸命叩《たた》いて音を出そうとし、壊れてしまいそうになっているものがいたり。ピアノに憧れて白黒の鍵盤を探しても一向に見つからずに悩むトランペットがいたりと、そんなことも、起こってくる。

だから一生の最初のうちにすることは、演奏方法を学ぶことよりも先に、自分がどんな楽器なのかを知ることなのだろうと思うのです。

息を吐くことだけで音が出た、ということがあればそれは驚きの発見だし、「君はそこに弦がついてるみたいだね」、と周りの人が何気なく知らせてくれることもあるでしょう。

こんなところに弦が。こんなところに吹き口が。こんなところに弓が。こんなところを叩いたら、こんなに澄んだ音色が。

そんな気づきを重ね、だんだんと自分の楽器の姿が見え始めてから、そこでやっと、どんな音楽が奏でられるかそっと音を出してみる。その音を、深めつつ、その音の響きと調和する他の楽器に出会っていく。

音色を出すのは、自分の楽器の形をおぼろげながらでも摑《つか》んでから、それからでも全く遅くはないと思うのです。

早くよい演奏がしたい。楽器に生まれたからにはもちろん、その思いがあるから。「まだ練習もしてないの？」と言われると焦ってしまいもするけれど。ハープなのに、それを知らぬまうっかり太鼓の練習会にまざってしまうほど、お互いにとって災難なこともない。

まだ自分の楽器を見つける途中。
その期間はその期間を楽しんで、新しい弦の発見を心待ちに進むといい。

やがて時がきて、自由に奏でる日。

そこからはじまる次の世界に、唯一無二《ゆいいつむに》の音色を持って行くこと。

それこそがどの楽器にも共通の願いなのかもしれない。そんな気がするのです。

そんなことを話しながら、どんな内容にせよ、学校に行っていなかった私が巡り巡ってまた学校の教室で話をすることになるという「未来」は、なかなか面白いものだなと、どこか俯瞰《ふかん》的な視点で感じていました。

この話の中のハープは、多分私のことで。一時は、身体を壊すほどに自らを叩いて音を出そうとしていたこともあったのでしょう。

この日、この教室で先生は私が話す前に「私もあなたも、知らない私」という話を生徒さんたちに向けてされていて、この楽器の話はその授業の素晴らしさに触発されて思わず出てきたエピソードでした。

先生がおっしゃるには「自分」は大きく四つの「私」に分けることができるとのこと。

一つめは「私も他者も知っている私」の部分。

二つめは、「私は知っているけど他者は知らない私」の部分。

三つめに、「私は知らないけれど他者は知っている私」の部分があり、そして最後四つめに、「私も他者も知らない私」の部分がある。

表には現れてなくて、自分でも気づいていない、全く未知の自分。

その四つめの「知らない自分」の部分に気づいていくということが、とても大事なことなのだと。

「私も他者も知らない私」の部分があまりに大きいと、人は自分を不幸と感じがちになるということだけれど。

でも、まだ見ぬ未知の自分の領域が大きく広がっていることは、見方を変えれば潜在的な可能性の海のようにも感じられる。

知らない自分がいることを知って、その自分に、いろいろな方法で、出会っていくこと。

自らの楽器を見つけて、磨いて、深めていくこと。

そうした一人きりの時間に粛々《しゅくしゅく》と行われる自分との対話が、「私もあなたも、知らない私」の海を少しずつ開いていくことに繫がっていると思えます。

第5章

人生の主役の座

つぼみ

まだ咲く前

その花の

となりを見たまえ

そっくりの
あかいこもれび
ひらいているよ

一〇人の大人

私が学校に行かなくなってすぐの頃、周りの大人たちは一〇人いれば一〇人ともが「当然学校には行くべきだ」という考えを前提に持っているように見えました。

多くの子どもと同じように、私は身近な大人の多くが言うことは間違いなく真実であると思っていたので、その行くべき学校という場所に行くことができない自分を恥ずかしく感じ、何かとても悪いことをしているという罪悪感を持っていたのです。

母の話によると、小学生の頃は「警察が捕まえに来るかもしれない」と言っておびえていたこともあるのだとか。そのことは覚えていないのですが、多くの子どもが町中に溢《あふ》れる夏休みなどの長期の休みの時期になると、なるべく出会わないようにしようと家の中でひっそりと時が過ぎるのを待っていたような頃もありました。

あまり明るい話には聞こえませんが、けれどこうして家にいた時期に読んでいた本などで字も覚えたのだろうし、一概に「ここからが良い時期」「ここからが悪い時期」と線を引いたりなどできないなと感じます。

その時どんなに大変な日々だと思っていたとしても、どこかでそれがくるっとひっくり返って全く別の意味合いを持ってしまうようなことも、人生の中では珍しくない。禍《わざわい》を転じて福と為すとはよく言ったもので、私が今では自分の不登校体験をどうやっても肯定的にしか取れないように、「悪い」と感じていたことはいつの間《ま》にか「良いこと」に転じている……過去はいくらでも、今や未来の在り方によって形を変えていくものなのだろうと思えます。

あの頃、一〇人の大人の意見を受けて、私は自分のことを「行くべき場所に行けない人」だと考えていました。行くべきところに行けない、するべきことができないという考えの中では自分の力がどんどんと弱くなり、しゅんと縮まってしまい、それ以上傷つくことがないよう自分を守ることに精いっぱいで、とてもそこからどこか他の場所に目を向けたり、一歩歩きだしてみたりといったことをする余裕はなかったように思います。

だけど幸運なことに、小学校六年生の時の担任の先生や、華道壮風会の松井先生や、その他さまざまなちょっと変わった大人たちとの出会いのおかげで私は徐々に、当時の「二〇人の大人たち」は決して「世の中のすべての人」というわけではないのだ、ということに気づくことができたのです。

枠からはみ出しては生きていけないと感じていたけれど、広い世界の中での自分が思う「常識の枠」など本当に小さなもので、一度や二度その枠からはみ出したところで世界から零《こぼ》れ落ちてしまうようなことは起こり得ない。

より大事なのはどこにいるかということよりも、どうあるかということ。どんな状況の中にいたとしても、その都度、目の前の人や物に対してどう向き合っていくのかという自分自身の在り方の方ではないのか……。そう思うようになってから、どんな言葉を話すかということよりも、どんな態度でその話をするのかということ。どんな行いをするかということよりも、どんな気持ちでそれを行うのかということに、より意識を向けていくようになりました。

そうしているうちに、不登校児かどうかといったことが問題なのではなく、どんな不登校児としてあるのかという姿勢がそのまま自分の未来をつくっていくことに繋がる最も重要なことなのだと考えるようになっていったのです。

「学校に行けない私」は、もうやめよう。

中学生になるかならないかの頃、その宣言ははっきりと自分の中に現れてきました。

誰も私の代わりに私の人生を生きることはできないのだから、私の人生の中では私が主役のはずです。

人生の主役に相応《ふさわ》しい在り方として、背中を丸めた姿でいることをやめ、「学校に行けない少女の物語」を「学校に行かない少女の物語」へと変更することにしたのです。

たった一文字、変わっただけなのに。その変化たるや歴然としています。

自ら選んで、学校に行かない道を歩くのだとはっきり心の内に宣言したとたん、お腹の底の方からあたたかな力がじわじわと湧き起こってくるのを感じました。その力を勇気にして、「二〇人の大人」の指し示す場所とは別の方向へ、自分の足で歩きだしたこと。今でもあの時の自分に「あっぱれ」と、感謝の思いでいます。

晴空便り

お花を習っている人から、お花を教える人へ。小さな虫がさなぎになりやがて蝶《ちょう》になるように、その変化は、ごく自然にやってきました。

華道壮風会の稽古《けいこ》で教わってきた「「型」のない生け花」は、きっと多くの人の役に立つものだろうという確信があり、教室に舞い戻って何年かの後、ちょうど二回目のパリ展が終わったくらいのタイミングで、自分も誰かに伝える側にまわろうと決心したのです。

壮風会は年功序列のない会なのですが、「その人独自の花」を確立していて十分な技術もあると先生から認めていただいた場合には教授試験というものを受けることができます。見事合格して教授となることができれば、自分の花の流派や会を持つことも自由にできる……そういうことになっていると、前々から知ってはいたのですが、ほんの少し前まではまさか自分が誰かにお花を教えたいと思うようになるとは想像もしていなかったので教授制度について真剣に考えてみたことはありませんでした。

なんでもきっとそうなのだろうと思うのですが、「お花を習っている」というのと、「お花を教えている」というのでは言葉にする時に必要な覚悟に雲泥《うんでい》の差があり、誰かに伝えることに興味はあっても半端な気持ちでは宣言することができなかったのです。

海外展での経験や、普段の稽古での学びが、けれど私にそうするようにと再三促してくるのを感じていました。自分自身の稽古で深めるものももちろんまだまだ多くあり、きっと一生終わることなく続く道だろうけれど。けれど人に伝えることの中には、そこでしか知ることのない学びがある。そのことを、どこかで知っていたのかもしれません。半年間に及んだ試験の時期を終えて、晴れて合格。教授資格をいただき、さてどんな風にこの奥深い世界のことを伝えていこうかと、それまでに考えたことのなかった分野の事柄を思案するようになりました。

どんな人たちに対しての、どんな会にするのか。

イメージをノートに書きだしてみたり、会の名前を考えてみたり。「○○会」とか「○○舎」とか、フランス語で「サロン・ド・○○」とか。いろいろと書きだしてみるけれどどれもあまりしっくりときません。

私は自分がつくるなら、お花だけでなく、文章や詩やもしかしたらフランス語など、その他今まで自分がやってきたこと、これからやっていくことのすべてが関わることができる形態をつくれたらいいなと考えていました。それがどうも、既存の形には合わせることが難しいらしく、誰に言われたわけでもないのに何らかの社会的にきちんとした立場を取らなければならないと無意識に考えていたことに足をとられ、なかなかこれというものを決められずにいたのです。

九歳から不登校児で、とっくの昔に確固たる社会的地位などどこかに置いてきているのに、まだ頑《かたく》なに考えの中心にそうしたものを据えようとするのは、冷静に考えてみればおかしな話で、これも今思い出せば笑い話の一つなのですが。

二の足を踏む私の姿を見ていた松井先生が、呆れるように「今さら常識的になろうとしてどうする。あんたがするの、「生け花教室」とちゃうで」と言ってくださって、はっと目が覚めました。

覚めてしまえば本当にそのとおりで、私はお花を伝えたいとは思っているけれど、それは所謂《いわゆる》「生け花教室」の形とは別のものになるだろうし、だいたいよく考えてみれば会社を興したいわけでもグループをつくりたいわけでもないので、「社」も「会」も「舎」も合わなくて当たり前だったのです。

もう一度、一から考え直しました。

本当に私がしたいこと、それを現すのにぴったりの表現が、他にきっとある。

ふと思い浮かんだのは、いつか飛行機に乗っている時に見た雲の上の風景でした。分厚く閉じられた小さな窓に頬を寄せるようにして眺めた景色。目下に広がる白い雲の海。その遥か上に果てしなく広がる真っ青な空。静寂の美しさを感じてしばらく見入り、雲の下は、けれど雨なのかもしれないと感じたこと。

ああ、これだ、と思えました。

私はきっと、どんな方法をとったとしても、人生のすべてを通して「人間の心」というものに触れることをしていきたい。

あの雲の上の風景は、私たちの心そのもので。

地上がどんなに大変な嵐に見舞われていたとしても、覆いかぶさるその分厚い雲の上には本当はいつでも、嘘のように澄み切った空が存在している。

そこにたどり着く方法、雲の切れ目からその光を垣間見る方法を、きっと私はお花や他に携わってきたあらゆるものから教わってきていて、そのことをこそ、伝えたいのだと思いました。

子どもの頃から好きだった、詩や文章を書くことでそうしたことを表現しながら、手書きの手紙を縁あるお一人お一人に届けるような気持ちで。

晴れた空から届けられるお便りのような表現を、これからしていく私の行いすべての中心としよう。

「晴空便り《せいくうだより》」という名称はこうして生まれました。

会社名でも活動名でもないので、ちょっと説明が難しいのですが、私なりの自分の働き方の表現……と言えばよいのでしょうか。そうしたものの、名前です。

晴空便りの「末富晶《すえとみしょう》」として動いていくこと。

はっきりと、そのことが定まった瞬間でした。

生け花を教える日

その日初めてお会いした方と、お花を通じて交流する。晴空便りのお花をお伝えすることを初めてから、そんな出会いがすでに何人かの方とありました。

その方のことを全く何も知らない状態で、生けたお花を見せていただいて。そこで見えるもの、感じるものを共有し合うのは、何度してみてもそのたびに新鮮で面白い体験です。

私は、他に言葉が見つからないので教えるとかお伝えするとかいう表現を使っていますが、そういった立場になって見えてくるものといえば実際のところ「本当はすべて、その人自身が知っている」という実感に他なりません。

例えどんなに生けた花にまとまりがなくても、例えば一枚の葉を足して見せれば「あ、そうしたかったのです」とご自分で方向を見つけられる。

最初に入れた一本のトルコキキョウだけが一際輝いていて、それをそのままお伝えすると「そのお花が一番好きだと思って生けました」とおっしゃる。

「生け花というのはこういうものだ」という形が先に頭にあって、それに合わせて生けようと頑張る方に「その形はあなたのものではないから、一度外してみるといいかもしれない」と言えば、はっと気づいたように「そうです、私は枠にはまって苦しかったのです」と自分の日常と照らし合わせて深く感じてくださる。

もちろんこんなにすんなりいくことばかりではないですが、けれど往々にしてこういうことが起こる様子に立ち会うと、その人の内面に対する信頼が否応無《いやおうな》しに生まれてくるのです。

私はただそのときお花を見て感じたことをお伝えしたり、もっとこうすればきっともっと生けた人の思いに近くなるだろうと思える助言をさせていただくのみですが、そうすると時折、その方がこちらが思いもかけぬ深い気づきをそこから得られる時があるのです。

そのことはもちろん、私の力ではなく。その人自身が自分が生けたお花をきっかけとして、もともと知っていたことを思い出すような自然な流れで起こります。

お花を生けることは自分の心と向き合うことそのものだと言えるので、そうしたことが起きるのは、実は全く不思議ではないのですが。

生けるのも自分なら、生けたものを見て感じるのも自分。

そこに何を見いだして、どんな意味付けをするのか決めるのも自分。

その人の生けた花の全体像は、実はその人にこそ、見えるもので。教える立場にある人はその内面を引き出す手助けはできても、美しさをどうやってつくるのか教えられるわけではない。

その人の美しさのすべては、もともと全部、その人自身が持っているのです。

魂という言葉は人によって意味合いも感じ方も変わってくるし、宗教的になるので好き嫌いも出てくるとは思うのですが。

心と身体との他にもう一つ、一人一人にもたらされた命の輝きと呼べるようなものがあるとしたら、それはきっと、最初から最後まで変わらず美しくあるものなのではないかと思えます。

心と身体は心がけしだいでどんな風にも磨けるけれど、その最後の一つは、自分で磨くことはできない。磨かずとも、最初からずっと美しい。そうしたものなのではないでしょうか。

晴空便りのお花はまだまだ始まったばかりなのでこれから如何様《いかよう》にも形を変えていくと思いますが、どんなに目に見える場所での変化があっても、その一番本元にある大切にしたい部分はここに書いていることから変わらない。

そんな風に、進んでいければと思います。

親御さんたち或いは身近な大人の方々に向けて

私は自分の子どもを持ったことがないので親の気持ちについてはどうしても想像の域を出ず、不登校を体験した子どもの時の記憶を持ってあの頃のことを綴《つづ》ることはできても、親の気持ちになって何かを語るようなことはできないと感じます。

講演会に来てくださったり、私の文章を読んで連絡をくださったりする方は、けれども不登校児本人よりも圧倒的にご両親や先生方の方が多く、その中でアドバイスが欲しいと言われたり、「不登校児として過ごしていた頃に大人に言われて嫌だったことや、逆にされて嬉しかったことがあれば教えてください」といったことを質問されることも少なからずあり、今現在、どんな風に本人と向き合ったらいいかを真剣に考え続けている方が多くいらっしゃるのだとその度に感じます。あの頃の自分に返ったつもりになって私なら……という気持ちをお話しするのですが、その答えは決まって、お母さんでもお父さんでもおじいちゃんおばあちゃんでも先生でも他の誰に対しても「まずはその方自身が、幸せでいて欲しい」と、そう思えるという言葉になるのです。

その他に、それ以上に、して欲しいことは、ない。

子どもが学校に行っていないことで、思い悩んで欲しくない。

あの頃の自分に問いかけると、本当の気持ちとしてそんな答えが返ってきます。

私は不登校児になって、自分の未来ももちろん心配していたけれど、それと同じくらいに両親、特に母親が生きづらくなるのではないかと心を痛めていました。自分のせいで否応《いやおう》なく両親までもを道連れにしてしまうのは本意ではないのですが、周りから親の育て方のせいで学校に行かない子になったのだという風に見られたり、近所付き合いや親戚付き合いがスムーズにいかなくなったりするようなことがあるかもしれないと、そんな風に感じていました。

実際にどの程度そんなことが起こったか、まだ子どもだった私にははっきりとは分かりませんが、きっと少なからず私が不登校児になったために起こった「被害」はあったことだろうと思います。

自分のせいで、両親に辛い思いをさせている。

そんなことを望む子どもは、きっといません。

申し訳ないという思いを抱きながら、でも学校に戻るという選択をすることもできず、どうしようもできない日々をただ悶々《もんもん》と過ごす。そんな時間も、最初の頃、小学生のうちにはあったように思います。

不登校児となってから訪れたたくさんの人たちとの思いがけない出会いはもちろん私にとっても大きなものだったけれど、恐らく一番近くで接してくれていた父や母にとっても大きな助けとなり、私たち親子をあたたかく包んでくれる出来事でした。

両親が救われたことによって、私も救われたのか。

私が救われたことによって、両親の肩の力が抜けたのか。

どちらが先かは分かりませんが、ともかくそれは起こり、私はそのあたたかな力を受けて、恐る恐るでも次の世界へと進んでいくことができました。

ほぼ同じ頃なのだと思います。

両親の顔つきが明るくなり、ひどくほっとした時がありました。

お父さんやお母さんを悩ませる存在としての自分の、終焉《しゅうえん》。

それは多分、早ければ早いほど、良い。

生意気かもしれないし、綺麗《きれい》ごとと思われるかもしれないのですが。

そうして真摯に質問してくださる優しい方だからこそ、難しいかもしれないけれど、どんな声掛けをすればいいかと悩むより先に、まずは何はなくともその方自身の心から重荷を外してほしい。学校に行っていない子の近くで、幸せであって欲しい。そう思います。

卒業について

長く書いてきましたが、そろそろこの本の残りのページ数も少なくなってきた頃だろうと思います。

一つ一つの思い出や考えを自分の言葉で書き出していくことは私にとって本当に心地よい時間で、いつまでも終わらなければいいのにと思えるほどなのですが一冊の分量には限りがあり、そういうわけにもいきません。

学校に行かない人が体験しないこととして、これまで挙げてきた通り学校の授業のすべてや、その他には教室内での先生やクラスメイトとの関係、登下校中の思い出などさまざまなものがあるのですが、中でも大きなものの一つに「卒業」があるのではないか、と思います。

実際には私のようにほとんど授業に出席したことがない生徒であったとしても、小学校も中学校も気づけば他の方々と同じように卒業させてもらい、卒業証書もいただいてはいるのですが、学校に通っていたわけではないので当然のことながら本当の意味でその小学校や中学校を「卒業した」ことにはならないだろうと思えます。

卒業式というものに一度も参列したことがなく、その場で新しい世界への門出を祝い合うこともない。

そういう人がどうやって人生の節目を感じれば良いのかといえば、それはもう自分でその時期を決めていくしかないのだろうと感じています。

その節目はまさにその時を体験している瞬間には、案外見えないものだから。

いくらか年月がたった頃、振り返って「そういえばあの時が重要な転機だった」と感じて印をつけていき、ちょっと遅まきながら知ることとなります。

そう、ちょうどこの本でそうしているように、です。

一〇代後半にいったん華道壮風会の教室をお休みすると決めた時、それを「卒業」かもしれないと感じたことがありました。長くお世話になった場所を離れ、新しい世界に踏み出す時なのだと。

でも二〇代になってもう一度その場に帰ってくることが決まり、稽古を再開して、あの時「卒業」などと考えた自分の思いの浅はかさに恥ずかしくなったのです。卒業できるほどの何も、まだ私は学んではいなかった。

何も分かっていなかったからこそ、そんな風に思えたのだと。

もう戻ることはないと思っていた場所に、なぜかまた舞い戻っていたり。もう道が違うのだと思って別れた友とも、時を経てまた出会ったり。

私の人生の中ではそんな風に、なかなか「卒業」は訪れてくれません。
どこまでも続く学びの中を、時折振り返って節目をつけながら進んで行く。

そんな卒業のない人生は、存外私に向いているようです。

不登校という過程

不登校というのは、長い人生の中の一つの過程と思われますか？
それとも、学校に行かなくなったという、一つの結果だと捉えられるでしょうか。

卒業がないということは、言い換えればゴールがないということで。
たぶん私は、学校に行かなくなったあの頃に、すべての経験から「結果」を手放したように思います。例えその瞬間は一つの結果が出ているように見えても、それはその時には見えないある状態に繋がるための過程だった……というのは、とてもよくあることで。私にはもう、どの段階でそれを判断して良いか分からず、恐らくはこの人生を終えるその時まで、その答えを保留にし続けていくのだろうという気がします。

華道壮風会の中で教わったことの一つに「過程の大切さ」というものがあります。どんな生け花になったかという結果だけに重きを置くのではなく、その過程に起こる心の動きすべてに注意を払う必要があるのだと。

とても不思議なことに、「今日は調子が良い」と気分よく生けたはずの花が調子に乗りすぎていて全く美しく見えなかったり。逆に「今日は駄目だ」と思いながら力なく生けた花が普段の驕《おご》りを治めて本来の美しさを取り戻していたり。

自分の考えとはまるで逆の結果が、そうして起こることがあるのですが。

そんな時には決まって、頭で考えることの小ささと、自分の見えている世界の狭さを嫌でも感じることとなります。

私たちの「今」は、確かにこれまでの結果と呼べるものだけれど、同時にこれからの過程でもある。

不登校という状態にも当たり前のようにその二つの側面があるのですが、それを結果としてしか捉えることができずにいると、それまでの自分が持っていたその言葉に対するイメージを自動的に採用するしかなくなり、そこにネガティブな思いを持っていればいるほど自分自身でそれに捕らわれてしまい動きがとれなくなるようなこともあるかもしれません。

過程はそれに比べたら、今すぐの結果を持たないものだから。流動的で、白にも黒にもなり得る。

私たちは不安定を嫌い、白か黒か、その判断をすぐにすることを好むけれど。その判断の早さをこそ、賢さの基準にする場面も多いけれど。

でもこの世界は本当は、いつも白と黒の間を絶え間《ま》なく動き続けている、とどまることのない過程の流れであるのかもしれません。

いつでも過程で、いつでも、はじまり。
不登校というはじまりの舞台を、どんな風に生きるのか。
とてもありがたいことに、それはいつも各々の人に任されていると感じます。

時

時を待て
あなたの時を
種を蒔《ま》くのは　人の意思だが
花咲く日を　決めることはできない

時を待て
あなたの時を

日の光と雨水と　その他あまたの力を借りて
花咲くその日を　自ら待て

おわりに

今現在も、不登校児となった少女のその後の物語は続いています。

変わらず、明日何が起こるとも分からない先の見えない暮らしの中で、結果的には素晴らしい人や出来事との出会いに彩られた年月を過ごしながら。まだ三〇代で若輩者の域を出ていないのは承知の上なのですが、それでもこうして過去を振り返ればあれからこんなところまで来たのだなぁと感慨深い気持ちになるほど多くの経験とご縁をいただいてきたと感じます。

今もそうして変化にとんだ毎日なので、不登校時代のことは遥か彼方、前世のことのようにも思えるのですが、こうして丁寧に見ていけばやはり私の基盤をつくってくれた大事な時期だったと心からの感謝と共に思えるのです。

この本の中で「お腹の底の方からあたたかな力がじわじわと湧き起こってくるのを感じた」と表現している箇所がありますが、私はこの感覚こそ、自分の人生を生きて行く上で最も大切なものなのではないかと思っています。

この感覚は、なんともいえずあたたかく、はっきりと言葉にするなら「勇気」とか「希望」とか「感謝」あるいは「自分自身に対する信頼」というものになるだろうと思うのですが、これがある時とない時では例え同じ道を歩いていても景色の色が変わって見えるほどだろうと感じます。

この感覚を感じた時、行こうとする道に、間違いはない。

全く根拠はないのですが、確かにそう思えるのです。

一人の人間の運命の道は決まっているのか、それとも無限に広がる可能性の海なのか。
本当のところは誰にも、分からないけれど。

あの日、真っ白な海の中へ漕ぎ出した時。
私はきっとどこかで、それがあるべき自分の未来へつながっているという確信を持っていた気がします。

たった一つ色のついた、今日という船に乗って。
あたたかな力に満ちた身体で、櫂《かい》を手に。
瞳を開いて、進んで行く。

そこにどんな結果がやってくるか予測することを諦《あきら》めて。

ただひたむきに、他の誰でもない、自分だけの物語を紡いでいくことができたなら。

どこかにたどり着くまでの「過程」の時間そのものが、人生の豊かさに変わっていくと感じます。


学校に行かない生き方の一例をここまで読んでくださってありがとうございます。

これまでの日々に関わってくださったすべての方々に感謝して。

二〇一八年七月

末富　晶

末富 晶
1983年神戸市生まれ．エッセイスト・生け花アーティスト．小学校3年生から学校に行かなくなり，中学校卒業までの約7年間を不登校児として過ごす．11歳より華道壮風会にて生け花を学ぶ．東京・パリ・ミラノ等の現代生け花展に作品を出展．2000年に松竹映画『十五才　学校Ⅳ』の制作に関わり，作中詩原案者となる．2013年より不登校体験記を執筆．2016年からは，自身の体験を主題とした講演活動も行い，並行して「晴空便り」の名で型を持たない独自のスタイルの生け花を教示している．

不登校でも大丈夫　岩波ジュニア新書 881

2018年8月21日　第1刷発行

著　者　末富《すえとみ》 晶《しょう》

発行者　岡本 厚

発行所　株式会社 岩波書店
〒101-8002 東京都千代田区一ツ橋 2-5-5
案内 03-5210-4000　営業部 03-5210-4111
ジュニア新書編集部 03-5210-4065
http://www.iwanami.co.jp/

印刷・理想社　カバー・精興社　製本・中永製本

ISBN 978-4-00-500881-0　Printed in Japan

岩波ジュニア新書の発足に際して

きみたち若い世代は人生の出発点に立っています。きみたちの未来は大きな可能性に満ち、陽春の日のようにひかり輝いています。勉学に体力づくりに、明るくはつらつとした日々を送っていることでしょう。

しかしながら、現代の社会は、また、さまざまな矛盾をはらんでいます。営々として築かれた人類の歴史のなかで、幾千億の先達《せんだつ》たちの英知と努力によって、未知が究明され、人類の進歩がもたらされ、大きく文化として蓄積されてきました。にもかかわらず現代は、核戦争による人類絶滅の危機、貧富の差をはじめとするさまざまな人間的不平等、社会と科学の発展が一方においてもたらした環境の破壊、エネルギーや食糧問題の不安等々、来るべき二十一世紀を前にして、解決を迫られているたくさんの大きな課題がひしめいています。現実の世界はきわめて厳しく、人類の平和と発展のためには、きみたちの新しい英知と真摯《しんし》な努力が切実に必要とされています。

きみたちの前途には、こうした人類の明日の運命が託されています。ですから、たとえば現在の学校で生じているささいな「学力」の差、あるいは家庭環境などによる条件の違いにとらわれて、自分の将来を見限ったりはしないでほしいと思います。個々人の能力とか才能は、いつどこで開花するか計り知れないものがありますし、努力と鍛練の積み重ねの上にこそ切り開かれるものですから、簡単に可能性を放棄したり、容易に「現実」と妥協したりすることのないようにと願っています。

わたしたちは、これから人生を歩むきみたちが、生きることのほんとうの意味を問い、大きく明日をひらくことを心から期待して、ここに新たに岩波ジュニア新書を創刊します。現実に立ち向かうために必要とする知性、豊かな感性と想像力を、きみたちが自らのなかに育てるのに役立ててもらえるよう、すぐれた執筆者による適切な話題を、豊富な写真や挿絵とともに書き下ろしで提供します。若い世代の良き話し相手として、このシリーズを注目してください。わたしたちもまた、きみたちの明日に刮目《かつもく》しています。（一九七九年六月）

870 覚えておきたい 基本英会話フレーズ130　小池直己

基本単語を連ねたイディオムや慣用的フレーズを厳選して解説。ロングセラー『英会話の基本表現100話』の改訂版。

871 リベラルアーツの学び ―理系的思考のすすめ　芳沢光雄

分野の垣根を越えて幅広い知識を身につけるリベラルアーツ。様々な視点から考える力を育む教育の意義を語る。

872 世界の海へ、シャチを追え！　水口博也

深い家族愛で結ばれた海の王者の、意外な素顔。写真家の著者が、臨場感あふれる美しい文章でつづる。〔カラー口絵16頁〕

873 台湾の若者を知りたい　水野俊平

若者たちの学校生活、受験戦争、兵役、就活……、3年以上にわたる現地取材を重ねて知った意外な日常生活。

874 男女平等はどこまで進んだか ―女性差別撤廃条約から考える　山下泰子・矢澤澄子監修／国際女性の地位協会編

女性差別撤廃条約の理念と内容を、身近なテーマを入り口に優しく解説。同時に日本の課題を明らかにします。

875 〈知の航海〉シリーズ 知の古典は誘惑する　小島毅 編著

長く読み継がれてきた古今東西の作品を紹介。古典は今を生きる私たちに何を語りかけてくれるでしょうか？

877・876
数学を嫌いにならないで
基本のおさらい篇
文章題にいどむ篇
ダニカ・マッケラー
菅野仁子訳

数学が嫌い？ あきらめるのはまだ早い。この本を読めばバラ色の人生が開けるかもしれません。アメリカの人気女優ダニカ先生が教えるとっておきの勉強法。苦手なところを全部きれいに片付けてしまいましょう。いつのまにか数学が得意になります！

878
10代に語る平成史
後藤謙次

消費税の導入、バブル経済の終焉、テロとの戦い…、激動の30年をベテラン政治ジャーナリストがわかりやすく解説します。

879
アンネ・フランクに会いに行く
谷口長世

ナチ収容所で短い生涯を終えたアンネ・フランク。アンネが生き抜いた時代を巡る旅を通して平和の意味を考えます。

880
核兵器はなくせる
川崎　哲

ノーベル平和賞を受賞したICANの中心にいて、核兵器廃絶に奔走する著者が、核の現状や今後について熱く語る。

881
不登校でも大丈夫
末富　晶

「学校に行かない人生＝不幸」ではなく、「幸福な人生につながる必要な時間だった」と自らの経験をふまえ語りかける。